麦肯锡经营战略系列

麦肯锡成熟期成长战略

[日]

大前研一

等 ———— 著

丁灵 —— 译

天津出版传媒集团

天津人民出版社

图书在版编目（ＣＩＰ）数据

    麦肯锡成熟期成长战略 /（日）大前研一等著，丁
灵译 . -- 天津：天津人民出版社，2018.6
    （麦肯锡经营战略系列）
    ISBN 978-7-201-13350-8

    Ⅰ . ①麦… Ⅱ . ①大… ②丁… Ⅲ . ①企业管理 - 通
俗读物 Ⅳ . ① F272-49

    中国版本图书馆 CIP 数据核字 (2018) 第 085806 号

著作权合同登记号：图字 02-2017-351
McKinsey Seijukuki No Seichou Senryaku
by Kenichi Ohmae
Copyright © 2014 Kenichi Ohmae
Simplified Chinese translation copyright © 2017, Tianjinrenminchubanshe
All rights reserved

Original Japanese language edition published by Masterpeace Co.,Ltd.
Simplified Chinese translation rights arranged with Masterpeace Co.,Ltd.
through Hanhe International(HK) Co., Ltd.

麦肯锡成熟期成长战略

MAIKENXI CHENGSHUQI CHENGZHANG ZHANLUE

出　　版　天津人民出版社
出 版 人　黄　沛
地　　址　天津市和平区西康路 35 号康岳大厦
邮政编码　300051
邮购电话　（022）23332469
网　　址　http://www.tjrmcbs.com
电子邮箱　tjrmcbs@126.com

责任编辑　赵　艺
装帧设计　园　里

制版印刷　三河市华润印刷有限公司
经　　销　新华书店
开　　本　710×1000 毫米　1/16
印　　张　25.5
字　　数　360 千字
版次印次　2018 年 6 月第 1 版　2018 年 6 月第 1 次印刷
定　　价　68.00 元

写在《麦肯锡成熟期成长战略》出版之际

经营战略的关键词是什么？大前先生说，当今经营战略中的关键词是"全球化、金融、ICT[①]，以及创新"，身为最高管理者，也需要对这几个词保持敏感。

本书是"麦肯锡经营战略系列"的第二部作品，本书在第一章中谈到了"国际化"，在第四章中谈到了"创造性产品和市场的开发战略"，在第七章中则谈到了"海外发展"。

这次，大前先生为我们集中讲述了"全球化"和"创新"。

good.book 编辑部

---

① ICT 是信息、通信和技术三个英文单词首字母的组合（Information Communications Technology，简称 ICT）。它是信息技术与通信技术相融合而形成的一个新的概念和新的技术领域。——译者注

大前研一特别访谈

磨炼全球化意识

当今，最高管理者都需要具备哪些意识？需要具备三个意识，即"全球化""金融"及"ICT"意识。只要你还没到达顶峰，就需要不断地磨炼这三个意识，"全球化意识"尤为重要。纸上谈兵是不可行的，必须自己亲身前往各个国家，亲眼去看这些国家的实际情况。

近来，有很多未来想当总经理的年轻人问我："我今后要学什么好？假设我现在 25 岁，打算在 50 岁时当上总经理。"这样的话，当工薪阶层就好啦。因为公司会给你发工资，所以，在公司给你发工资的这 25 年间努力学习，为当上总经理做好充分的准备。

如果换成我现在 25 岁，在公司工作，那么我会申请每 5 年就换一个不同的国家工作。今后应当重视的市场大概也就 10 个左右。我们以前只关注美国这一个市场，因为大家都认为世界最大的市场是美国，所以搞定美国市场就够了。

接下来 10 年最大的市场要数中国。可放眼未来，今后不能只关注美国和中国。如果你想成为下一个时代的总经理，或是想在十几二十年后当上总经理，也需要把目光放到其他国家上。说到其他国家，拿亚洲来说，印度尼西亚应该就是最重要的市场，除此之外还包括菲律宾、孟加拉国这一带。日本企业一直以来几乎把泰国当成第二国内市场，应该已经积攒了不少这方面的经验。

就小市场来说，先等市场成型后再去做就好，将来想当总经理的人，最好在我刚刚说的这些国家各待上 5 年左右，这样就会掌握"触觉"，具备这种触觉很重要。

比如说你在土耳其，外语说得不流利不要紧，但必须具备一种感觉，即能感觉到土耳其的人事实上是怎么想的。然后交至少 5 ~ 10 个土耳其的朋友，有不明白的事情打个电话就能马上问到。以后如果自己的公司想在土耳其干些什么，就可以把当地的人和公司介绍过来。在我刚刚说的这些国家建立起这种人际关系网是很重要的。

我在马来西亚做过 18 年的顾问，偶尔也会去中国台湾当顾问，印度尼西亚那边也经常叫我。我在菲律宾那会儿不知怎么的经常会去潜水，在这期间就跟拉莫斯总统①也攀上了交情，因为他也喜欢潜水。

---

① 菲德尔·瓦尔德斯·拉莫斯，菲律宾第 12 任总统（1992 年 6 月—1998 年 6 月）。曾担任菲律宾国防部部长，在拉莫斯的 6 年总统任期内，他成功控制住了在马科斯倒台后崩溃的菲律宾经济，并保持政治稳定。——译者注

因为这些经历，我跟上述国家和地区的朋友也建立了非常深厚的友谊。

除了上述国家和地区以外，我还去过韩国和中国台湾——两者分别去过 200 次左右，中国大陆去过 100 多次，美国则去过 400 多次，但是工作的大部分内容都是谈日本企业在美国的进出口贸易。这就已经花去了前 20 年，净在这些国家和地区忙活了。

根据上述情况，我不得不通过顾问这一工作去了解各个国家。我在这些国家交到了很多朋友，也建立了人际关系网。

总之，对今后的最高管理者来说，有一点极为重要，就是去深入了解美国和中国以外的国家。

说到全球化，重要的还是要自己去亲身感受这些国家和地区。有没有体验过 10 个这样的市场，决定着最后你的公司能不能成为有全球化意识的公司。

具备全球性的"距离感"

日本企业习惯在各个地域设置地区总部和地区总经理，例如欧洲总部、亚洲总部、美国总部。然而这些地区公司运转得却不尽如人意。

这是因为，在说到"亚洲总部"一词时，它本身就派不上什么实际用场了。总之咱们先把中国总部放在一边吧。下面我们把其他的国家都用"亚洲"一词概括，在新加坡放个总部，声称"我们又离亚洲近了一步"，那么你要拿印度尼西亚怎么办呢？菲律宾呢？也就是说，这些国家都没有共同点。

果然还是只能一个个国家来搞。不能就拿着"亚洲"这一个地理上的抽象名词，就暂且安排个亚洲总部部长什么的放在那儿吧。在排除以上情况的前提下，能像"未来5年，我们公司要在印度尼西亚彻底坐上第一把交椅"这样去贯彻目标，才叫经营事业。

也有人会问：说是北美总部、美国总部，把总部放在洛杉矶，能搞得定哥斯达黎加①吗？

所以说，如果你是真的想把生意发展到全球市场，那就在整个美国大陆的范围内（包括南美），说出三个想搞的市场。假设这三个市场分别是加拿大、美国、巴西，那么最好就选出想做这三个市场的人，要搞就搞彻底。

那"全球化"指的是怎么一回事呢？看看日本企业的总经理的日程表就知道了。比方说，宫崎县代理店的最高管理者去世了，然后总经理就马上去了宫崎。然而，在销售额占据欧洲地区首位的比利时代理店的最高管理者去世了，日本的总经理则会告诉欧洲总部的部长"喂，你去一趟"。大家应该会觉得，明明是比利时那边更重要吧？！然而总经理会告诉你："站在日本人的角度来看，还是日本社会里的冠婚葬祭②更重要"，然后他就动身前往宫崎了。自然，总经理把时间安排错了。总经理跟客户之间的距离必须是"完全相等"的，这就是全球化。只要能说出让欧洲总部部长或是德国分部经理去一趟这样

---

① 哥斯达黎加是拉丁美洲的一个共和国，北邻尼加拉瓜，南与巴拿马接壤，1983年11月17日宣布成为永久中立国。——译者注

② 指元服（又译成人礼）、婚礼、葬礼、祭拜祖先。——译者注

的话，你的公司就做不到全球化。也就是说，你要跟所有客户距离相等，这个概念非常重要。

因此我曾经说过："如果要全球化的话，就把总公司放到安克雷奇[①]吧。"我还半开玩笑地说："到欧洲 7 个小时，到日本 7 个小时，到纽约也需要 7 个小时，距离相等。"虽然是开玩笑，但具备这种距离感是相当重要的。

全球化需要"时间"

原来在我当上总经理以前，我会跟原来的总经理养成一样的习惯，觉得跟他用一样的方法来做事，自己做得比他快一点，规模大一点就够了，只要学着总经理的样子就够了。然而，如今时代已经不同了。

现在，如果还跟原总经理干一样的事，就没必要当什么总经理了。一当上总经理，就沿袭前任做过的事——这么做是不行的。这种人不配当总经理。

不过也没有必要否定前任。如今时代处于变革期，也是成熟期，有很多正在成长的市场。成长这碗饭的种子要多少有多少，但是大家都没有注意到这点。把成本削减到原本的多少分之一的主意也是要多少有多少，可是这点大家也没有注意到。自己只要学习这些知识，等着上面任命你当最高管理者就行了。不过学习归学习，方法还是不能

[①] 安克雷奇（Anchorage）是美国阿拉斯加州最大城市，位于阿拉斯加中南部。——译者注

搞错的。关键在于，要在自己的"染色体"中去养成全球化、金融、ICT这三项非常重要的意识。我认为，这是21世纪的一个非常严格的过滤器，是一个淘汰的过滤器，决定了你能不能成为引领新时代的最高管理者。

这三项资质中尤其需要花时间去掌握的，说到底还是全球化意识。拿我个人来说，我在马来西亚干过18年。然而却有企业跳过这种海外经验，直接大张旗鼓搞ICT，搞金融，壮大了规模。对，我说的就是乐天，乐天公司的海外事业全都失败了。这是因为，就算是在哈佛大学学习过的三木谷①先生，也没有真正具备全球化意识。很抱歉在这里直接指名道姓了，然而这个问题是不能跳过的。因为所谓急速发展的IT企业都说"好，我要搞中国市场""好，我要搞美国市场"，可是都失败了。大家现在看Kobo②深陷的困境也能明白，果然有些事必须绕个弯才能办到。

最难的是对于海外市场的判断力。这个问题必须花时间来解决。想跳过这部分，就必须搜集到熟悉这方面事情的人，有些公司说什么"我会英语所以不要紧，我有的是钱，所以这次来搞中国市场"。据

---

① 三木谷浩史，1965年出生于日本兵库县。1988年他毕业于一桥大学商学院。进入日本兴行银行后，于1993年毕业于美国哈佛大学商学院（取得了MBA学位），后建立了现在的乐天股份公司。——译者注

② Kobo是一种电子书品牌，最初是由加拿大多伦多的公司来生产。2012年1月1日，日本乐天集团收购了该品牌。Kobo发售前，乐天大力宣传Kobo，但发售当天起就有很多顾客因为各种使用问题（如应用程序卡死，日语和英语书籍掺在一起等）而投诉，引发了一场大骚动。——译者注

我所知，这么说的公司没有一家能在海外顺利发展的。公司可没那么简单就能发展壮大。

我自己去过韩国 200 多次，也认识不少韩国企业和韩国人，我也一直在培养这种判断力。我花了相当长的时间才明白"到头来韩国是这样一个国家呀"。

近年来，持这种观点的年轻人也越来越多——不在企业中慢慢往上爬，而要自立门户，换句话说，就是好歹先创办个新型服务企业，好歹先试试看。可是，咱们先得花时间去掌握全球化意识。年轻人自己想搞点事业是可以的，但是这么做也太不高瞻远瞩了。

想要成为一名有全球化意识的最高管理者，就必须付出时间。还有就是找一家能学到这方面东西的公司干活，然后自己规划一条独一无二的职业道路，趁着公司给你发工资的这段时期不停学习。或者是跟这家公司建立稳定的合作关系，在 20 年计划里去搞这些东西。也有一些人年纪轻轻，突然去了海外就取得了成功。然而这种人基本上都只是在一个国家取得了成功，比如在泰国成功，在老挝干得很好。没有人能突然在整个亚洲取得成功，不可能。在海外搜集人脉创办事业，可没有那么简单。

日本企业是否有创新能力

日本很多企业（比方说索尼[①]），各种各样的企业，现在都处于一个可以说是"末期"的状态。这种处于末期的公司，今后该怎么办才好呢？这个问题不止索尼有，松下[②]和日立[③]也不例外。

看看索尼这家公司，近一年来都一直声称"我们在专注提高核心竞争力"。那我就从他选择的领域说起，比如说娱乐方面吧。之前索尼说过要做智能手机，最后不过也就是Xperia[④]碰巧卖得非常好罢了。

在这之后，又声称接下来要搞什么不动产，真是没谁了。索尼这是在想什么！我不明白索尼为什么要搞不动产事业，每次听平井先生的演讲，他强调的重点都在变。最近我终于忍不住，在电视采访中表示索尼本来就是金融公司，搞金融事业最赚钱了。剩下的基本上都赚不到钱，所以就老老实实承认自己是金融公司吧！前不久索尼才终于把事业重心放在了金融上。

到头来，在这种世界培养出来的经营者，也就是优秀公司培养出来的经营者——根本不行。因为专注核心竞争力说白了就是选择这个

---

① 索尼公司（Sony Corporation）是日本一家全球知名的大型综合性跨国企业集团。索尼是世界视听、电子游戏、通信产品和信息技术等领域的先导者，是世界最早便携式数码产品的开创者，是世界最大的电子产品制造商之一、世界电子游戏业三大巨头之一、美国好莱坞六大电影公司之一。——译者注

② 松下（Panasonic）是日本的一家大型跨国性电器制造企业。——译者注

③ 日立（HITACHI）是来自日本的全球500强综合跨国集团。——译者注

④ Xperia，前索尼爱立信，今索尼移动通信旗下高端智能手机子品牌，该品牌创立于2008年2月。——译者注

放弃那个。换句话说就是把不好的切掉，发展好的。这么做就算搞得好，寿命充其量也只有几年而已。

索尼这公司吧，原来仗着计算机娱乐公司、音乐娱乐公司的名义，拿到了上市利益。日子不好过了，就把这些事业重新移回总公司。这样一来，这些业务就发展壮大了。废掉这一摊，加个名义，拿出去又拿进来，搞什么鬼啊？！废掉做得不好的事业，集中精力去搞做得好的，收益当然会好转啊！那有人问了，索尼又做了什么新东西吗？没有。就连松下和日立也是这种模式。报纸上说什么 V 型复苏①，但这种不叫 V 型复苏，V 型复苏也不能说是真正的成长战略。日经新闻②也太仁慈了吧。

依我来看，这种工薪族类型的经营者不同于战后③第一代经营者，这一代经营者没有做出新东西的能力，他们只会把现有事业加以组合。光是加以组合的话，是维持不了一个大公司的。必须做出点新东西才行，看看世界的情况就明白了，凡是正在成长的公司都总是在做新东西。做出新的事业，再把新事业的规模扩展到整体事业的三分之一左右，这样公司才能发展。说到底企业要想生存，还是必须具备做出新东西的能力。我也曾经在日立待过，我认为日立也有创造新东西的潜力，但最高管理者的能力还是不足以引发出这份潜力。

---

① 指走势快速下降到底后又迅速上升，呈 V 字形。——译者注

② 指日本经济新闻，简称日经，是日本全国性，具有相当影响力的大报纸之一。——译者注

③ 指日本在第二次世界大战战败以后。——译者注

要想持续发展，还是得具备大胆创新的能力。现在日本经营者的创新能力太弱了，他们做事太谨慎了。日本战后的第一代经营者，不管是索尼、松下，还是本田①，都有着惊人的，甚至可以说是有勇无谋的创新能力。

第一代经营者的强大

比方说 GE②，本来他们没有在做喷气式发动机，这项事业是他们新创的。工程塑料③也是 GE 的原 CEO 杰克·韦尔奇④新创的事业（虽然之后他们把这部分卖掉了）。他们一年到头都在干这种事，因此 GE 虽然是托马斯·爱迪生⑤创办的电灯公司，但是现在的 GE 跟过去

---

① 本田株式会社（本田技研工业株式会社）是世界上最大的摩托车生产厂家，汽车产量和规模也名列世界十大汽车厂家之列。——译者注

② 美国通用电气公司（General Electric Company，简称 GE，创立于 1892 年，又称奇异公司），是世界上最大的提供技术和服务业务的跨国公司。GE 是在公司多元化发展当中逐步成长为出色的跨国公司。——译者注

③ 可拿来做工程材料和代替金属制造机器零部件等的塑料。——译者注

④ 杰克·韦尔奇（Jack Welch）是通用电气（GE）董事长兼 CEO。在短短 20 年间，这位商界传奇人物使 GE 的市场资本增长 30 多倍，达到了 4,500 亿美元，排名从世界第十提升到第一。他所推行的"六西格玛"标准、全球化和电子商务，几乎重新定义了现代企业。——译者注

⑤ 托马斯·阿尔瓦·爱迪生（Thomas Alva Edison）发明的留声机、电影摄影机、电灯对世界有极大影响。——译者注

的 GE 有着完全不同的投资组合[1]。

就连 IBM 也是。我以为他们会一直卖计算机，结果听说之后要做咨询事业。从前段时间起他们就开始做什么咨询公司，也就是说，如果像之前那样一直卖硬件的话，在新兴国家和工资低的国家终归是行不通的。刚开始 IBM 把计算机卖给了联想[2]，因为这样下去还是来不及，所以还要卖掉服务器之类的。他们一直干的就是这种事。

此外，本田现在虽然是世界第一的摩托车公司，但当年战争结束后，日本共有约 260 家摩托车公司。然而，存活下来的只有 4 家，分别是雅马哈[3]、本田、铃木[4]、川崎[5]。最后剩下两家，本田是经受住了国内激烈的竞争而变强的。本田当年尝试走向世界时，因为能力出类拔萃，才成为了世界第一的摩托车公司。

---

[1] 投资组合（Portfolio）：由投资人或金融机构所持有的股票、债券、衍生金融产品等组成的集合。投资组合的目的在于分散风险。——译者注

[2] 联想集团（Lenovo）是 1984 年中科院计算所投资 20 万元人民币，由 11 名科技人员创办，是中国的一家在信息产业内多元化发展的大型企业集团，和富有创新性的国际化的科技公司。——译者注

[3] 雅马哈发动机株式会社，成立于 1955 年，是一家集生产与销售为一体的日本独资企业，是全世界最大的电动车制造商。——译者注

[4] 铃木公司成立于 1920 年，1952 年开始生产摩托车，1955 年开始生产汽车，以生产微型汽车为主。——译者注

[5] 川崎重工业株式会社，日本的重工业公司，主要制造航空宇宙、铁路车辆、建设重机、电自行车、船舶、机械设备等。——译者注

话说回来，当年本田宗一郎^①说过也想做汽车，当时的通产省^②告诉他拉倒吧。通产省这么说："日本已经有 9 家汽车公司了，连美国都只有 3 家""日本地方这么小，还是以铁路为主体，不需要什么汽车，不要再插手了"。

而且当时刚好因为要管制气体排放出台了"马斯基法^③"，在谁都解决不了这个问题的时候，本田开发出了新型 CVCC 发动机^④，当本田宗一郎拿着这个进入汽车行业，在国会说出"我们公司做到了！"的时候，谁都阻拦不了他。本田就是钻了这个空子。

所以说，本田宗一郎具备的这种创新能力真的很强大。

第一代经营者们都有这种创造新东西的能力。好比三洋^⑤，象征着三大洋所以起名叫三洋，三洋公司在海外也非常努力，特别在发展中国家也是在不断拓展市场，创造了非常多的新市场。

下面说说夏普^⑥。夏普的创始人早川德次先生发明了自动铅笔这一具有划时代意义的商品，由此起家。松下也从双灯用插座起家，陆

① 日本实业家，世界著名的企业家，日本本田汽车创始人，日本本田技研工业株式会社创始人，本田品牌创始人。——译者注
② 通产省是通商产业省的简称，主管工商、贸易管理外汇汇兑和负责度量衡管理事务，后在 1949 年改称为商工省。——译者注
③ 1970 年，美国政府颁布了限制汽车排放废气的《马斯基法》。——译者注
④ 本田株式会社在 1972 年发布的一款低公害发动机。——译者注
⑤ 三洋（SANYO），是日本的一家大型企业集团，产品涉及显示器、手机、数码相机、机械、生物制药等众多领域。——译者注
⑥ 夏普株式会社（Sharp Corporation）是一家日本的电器及电子公司，于 1912 年由创始人早川德次创立。——译者注

续做出了各种新东西。虽然也有人管松下叫"抄下电器①",但这家公司终究还是有着相当强大的创新能力。在我看来,这家公司的创新在于销售,也就是松下的连锁店。做出这种机制本身就是一种创新。不管怎么说,现在所有实力强大的公司都跟战后第一代的公司很相似。

比如三星②,其年收入之所以能占据韩国 GDP 的 20%,关键在于最高管理者是靠自己来做出决策的,而不是一边跟人商量一边决定,这种风格跟战后的第一代日本经营者几乎一样。因为他在日本受过教育,所以也受了这些人的熏陶,这一点跟当时的松下等公司非常像。

之后中国台湾地区还有张忠谋创建的 TSMC 半导体公司③,郭台铭领导的鸿海精密工业公司④。反观这些公司,都是由一位最高管理者来带领的。就是说,他们不是一个会去跟大家商量沟通的领导,换句话说,这里的最高管理者也就类似一位独裁者,独自做出决策。

成长期的日本企业一直学习前人的做法,觉得只要比前人做的速度快、规模大就行了,因此做事时会观察公司的情况,试图跟他人达成共识。这样长久下去,结果能做出独裁者型决策的最高管理者就会

---

① 揶揄松下有一段时期经常模仿其他公司的产品。——译者注

② 三星集团是韩国最大的跨国企业集团,同时也是上市企业全球 500 强。——译者注

③ 台湾积体电路制造公司,简称台积电、TSMC,是台湾的一家半导体制造公司,成立于 1987 年,是全球第一家,也是最大的专业集成电路制造服务企业。——译者注

④ 鸿海科技集团成立于 1974 年,是全球 3C(计算机、通讯、消费类电子)代工领域规模最大、成长最快的国际集团。——译者注

越来越少，尤其有全球化、金融、ICT 意识的人会越来越少。问题就在这儿。

当今不冒风险的经营

对于创新而言，什么才是关键呢？说到底就是冒风险。日本的专利申请数量本身不少，但这跟创新无关。因为专利没有任何意义。我也在日立待过，我会去申请专利只是因为公司规定工程师一年要申请到一个专利，这些专利并没有什么意义。事实上，只要想想：这 20年，日本又产生了多少能撼动世界的企业呢？相较日本而言，美国在这一点上已经取得了压倒性胜利。那谁又在这种美国公司中做出了贡献呢？美国人，随后是以色列人、中国人、印度人，近年来还包括俄罗斯、白俄罗斯等来自东欧的人。没有一个是日本人。

置身日本，自然就会感受到向别人学习，枪打出头鸟这些文化。这些文化在企业成长期或许很有好处，然而现在已经到了一个必须破坏这些文化的时代。

英语有句话叫"SHAKERS and SHAPERS"，就是说先去撼动一项事物 ①，然后在此基础上再去塑造新的事物。做不到这些，就没法打磨出新的时代。过去日本企业在成长期曾经将风险作为一项战略，现在却渐渐不敢冒风险了。多数日本人都已经不愿意冒风险了，这个

---

① 也就是说把旧的部分摇下来。——译者注

问题非常严重。

那么，日本人是一直以来都这样吗？并不是。刚才我也说过，战后的日本人是一路顶着风险熬过来的。战后的日本企业根本不把风险当回事儿，甚至曾经还有美国人和欧洲人跟我抱怨，"想办法管管那种日本公司吧""真不知道他们在想什么""我们很难搞懂这帮风险家在想什么"。雅马哈的川上源一①先生甚至还建了一间超过自己资本的工厂，然后大力发展钢琴事业。川上先生干出这种事，就连钢琴发源地的德国都吓了一跳。

战后的日本有很多这种有勇无谋，或者说是不谨慎的人。现在的日本人不可以谨慎。不管是日立、索尼，还是松下都太谨慎了。谨慎的日本没有威慑力。这么说的话，李健熙还是不谨慎，这里所说的不谨慎，指的是扒去外皮就是独裁者。可见现在发展势头凶猛的公司里净是一些独裁者。

那么，要怎么去发现新事物呢？企业不同，做法也不同，但如果是我的话，我会选择全部尝试一遍。我不仅会尝试众包②，还会借助网络来搜集反响，还会在公司中分出大概三个小组来专门去做新东西。不是所有人都做新东西，而是要分出保守派、发展派，还有颠覆派，在此基础上去做新事物。必须像这样分出派别，不能让同一批人什么

---

① 日本雅马哈公司的前总裁。在他任职期间，公司发展成了世界上最大的乐器制造公司。——译者注

② 众包指的是一个公司或机构把过去由员工执行的工作任务，以自由自愿的形式外包给非特定的（而且通常是大型的）大众网络的做法。换句话说，就是通过网络做产品的开发需求调研。——译者注

都管。另外，在考虑全新事物的时期，必须要安排出破坏者。但是，想在公司里找这种人太难了。因为大企业里的很多人都是一开始就考上了好学校，拿到好成绩，进了好公司。就"物竞天择^①"来说，在创造新事物这点上他们处于极端的劣势地位，因为原本他们就有这种遗传基因。

把这类人聚到一起，说句"你们加油去做新事物吧"是不行的。他们没有这种经验，也没有这种染色体。他们原来生长在一个成绩考得好，父母就会开心的环境里，他们也是凭借好成绩进了大公司，让他们去否定上一任，破坏上一任的想法，根本是不可能的。这就跟让猫学狗叫一样难。因此，我们需要请公司外部人士来做新事物，或者是趁早去从外界吸纳做过这种事的人，就是这么回事。

总之，要花时间去掌握全球性的意识，冒风险去创造新事物。这两点肯定会成为今后的最高管理者在经营企业时应具备的关键要素。

2014 年 6 月

---

① 物竞天择是达尔文进化论的核心。在生物进化论中的意思是每种生物在繁殖下一代时，都会出现基因的变异。若这种变异是有利于这种生物更好地生活，那么这种有利变异就会通过环境的筛选，以"适者生存"的方式保留下来。然而物竞天择也存在着弊端，如果身体已经进化到跟环境完全匹配，一旦环境改变，物种就无法适应环境。——译者注

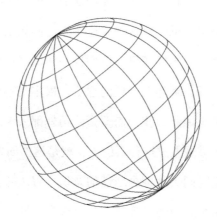

前　言

大前研一

　　我感觉近几年的企业经营者突然急躁了许多。当年石油危机过后，大家都嚷嚷着"这下完蛋了"，可我却觉得，那会儿甚至算是一个安静的好时代。

　　为什么这么说呢？

　　我觉得，近年来企业内部发生的各种现象，其成因都在企业内部。也就是说，从报纸报道上一眼看去，像石油危机、贸易战争这种由于外界压力而导致的整体产业震荡非常恼人，不过大家只是缩着脖子等待暴风雨过去而已，相较于外界的骚动，企业内部甚至可以用井然有序来形容。

　　跟上面那种震荡相比，最近发生的现象要更偏内部一些。光从表面上来看社会和竞争对手的话，是看不到任何变化的。然而，但凡有心观察的人都能看到——万丈难以逾越的波浪正在向我们袭来。这是一股暂时的、来自内部的作用力，它使得我们不得不颠覆以往的做法和思路。

假设你担任了企业的最高管理者，光看一眼自己公司当前所处的状况，就会感觉快要晕过去了。

一方面，销售组织、代理店政策、薪酬制度等都遇到了巨大的瓶颈，这样下去，就会在竞争中遭到淘汰；研究开发和设计的做法也触到了暗礁，另一方面，自己也感觉很焦躁——电子革命、生物技术革命、新材料革命都在深入而安静地进行，为什么只有自家公司请再多工程师也来不及交货。自家动手开发产品也需要很长的时间，就算想着必须以秒为单位来开发，最后也只能以年为单位来完成。

工会这边则像是罗马和平时期般风平浪静。然而这只是表面现象，如果把升职加的薪金和退休金算进去，公司有可能因为发不出工钱而破产。不管是技术水平，还是干劲活力，中老年员工都必须遭年轻人所淘汰，然而他们还是没有流露出隐退的意愿。年轻员工缺乏竞争意识，向上精神也不足。中层管理人员除了极少数人以外，眼界都很狭窄。是组织不好呢，还是机制不对呢？总之没能形成一套立竿见影的办事体制，自己也没能感受到这眼花缭乱的社会变化并迅速对其做出反应。

不知不觉间，这种最高管理者的焦躁感渗透到了整个企业组织，不管内心有多么不安，总得有一个人勇敢地站出来宣布要强行改革。

然而，在冷酷的企业战略家看来，这个时代将面临千载难逢的机会。在战后的自由主义经济体制下，有种秩序正在崩坏，从这种秩序中曾经诞生过各种优秀的资本、技术、人才的组合，而呼唤输家复活的呼声，要比赢家再赢一局的喝彩声来得比想象中要快得多。战后30年来，那些被我们一直认为是"企业成功的关键"的常识已完全不起作用，弱项变成强项，而原本的强项却反过来成了限制自己施展身手的弱项。

一方面，我们需要冷静地看清，今后的竞争只不过是成熟社会的一种独特现象；另一方面，我们自身还需要有技巧地运用一切手段（包括战略、组织、技术、人才、资金、系统、理念）来防止"胶水僵化"，避免跟他人一样陷入胶着状态。

幸好日本的企业是自由的，这点就世界来说也屈指可数。国家会指导我们，但不会管束我们。虽然国家对大众有要求，但没有弹压。甚至可以说是企业自身来决定企业的命运。然而有太多时候，我们仿佛忘记了自己身处这种稀有的自由主义社会之中，总是用一些被动的理由来回避自身的改革。优秀的经营者会怀有危机意识，趁早强硬施行更好的改革方案。挽救得越早，改革进行得就会越平稳，不会变成一场闹剧。

为了想进行这些尝试的人们，我在本书中试着大胆且简明易懂地扩大了我们眼前的成熟社会的伏流①。

我经常会听到全世界的企业经营者的抱怨，这些呻吟对我来说简直就是家常便饭。麦肯锡公司在先进国家设有30家分公司，安排了

---

① 地质学术语，指为地表河流经过地下的潜伏段。——译者注

1700人的专业团队在做企业经营顾问。我们自身也在没日没夜地专注解决日本大企业现有的难题。与此同时，我发现了只有一条是普遍真理——不要期待外部环境的改变，必须改变自己。

我们现在正要冲进未知的世界。在这个世界里没有什么叫作GATT^①的秩序，业界合作、通产^②指导这些秩序也不好使。就连厂家只负责生产商品，零售商和批发商只负责卖商品的这种顾虑也没有了。因为这是一个"无秩序就是秩序"的新世界。这个世界要求日本不再作为一个战败国发展复兴事业，而是作为一股新的超级力量去施展拳脚，与其他国家对峙。

我们东京事务所成立7周年时，作为纪念在轻井泽举办了最高管理者大会，本书（即President公司三年前出版的《麦肯锡现代的经营战略》）正文就是基于这场会议来编写的。其中介绍了很多应对新环境的经营方法。今年4月，为纪念本公司东京事务所成立10周年，我们在东京会馆举办了一场研讨会，会议持续了两天，主题是"如何应对新时代"，本书就是基于这场研讨会上的演讲编写而成。这次我打算针对如何分析、如何应对企业环境日益困难的状况，尽量避开技巧方面的东西，把目光放在必须如何改变思路这一点上。

---

① 关税及贸易总协定（General Agreement on Tariffs and Trade）是一个政府间缔结的有关关税和贸易规则的多边国际协定，简称关贸总协定。它的宗旨是通过削减关税和其他贸易壁垒，削除国际贸易中的差别待遇，促进国际贸易自由化，以充分利用世界资源，扩大商品的生产与流通。——译者注

② 指通产省，即通商产业省。——译者注

全部的演讲都由麦肯锡公司东京事务所的顾问负责。因 10 周年纪念而赶来参加会议的麦肯锡公司总经理丹尼尔，以及我的上一任，也是现瑞士分公司总经理汉西卡在会议午餐时间简单讲了讲近年来欧美的企业环境，他们这些发言，我也一并摘抄到了本书中。

出于顾问这一身份限制，我们对每个案例都有保密义务，不能公开发表这些案例。因此本书中的案例除去一些针对公开数据独立分析的结果之外，所有的"案例"都不是"实例"。虽然我们希望能尽量给各位传达准确的经营理念，但也请大家不要读得太着急，毕竟我们希望能通过本书帮助各位理解这些案例，帮助各位明白该如何分析这些案例。如果本书能帮助到那些性急的读者，我们将会感到无上的荣幸。

最后衷心感谢 President 公司的村田由美子女士和本公司的田立敦子女士，二位在我根据磁带起稿的阶段就一直耐心地帮助我编辑和校对。

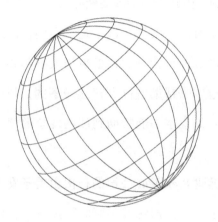

目 录

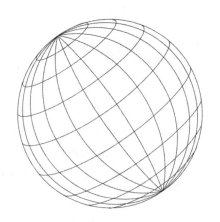

第一章

企业环境正在发生怎样的变化
——成熟的社会环境下更需要
成长型企业

　　在这里，我想将主要国家的企业环境正在发生怎样的变化这一主题作为这次讨论的绪论，围绕这个主题我准备了五个小节，分别是企业战略、组织运营、管理体系、国际化（多国籍化）及技术革新。下面我就分别来讲述一下这五个小节的内容。

一、企业战略

低成长条件下的通货膨胀不可能均衡收缩

说到企业战略方面，有一点尤其需要注意，用一句话概括就是：正在接连发生一些套用以往的常识无法解决的状况。尤其是通货膨胀正在市场成熟、社会成熟的条件下不断加剧，这一现状给人们提出了一些战略角度上非常重大的问题。

利润明显降低。我举下面几个例子来作为前提条件吧。固定成本①中的制造费用部分（固定成本除以销售额）因为固定成本本身的通货膨胀而逐渐增加。然而，市场已经渐趋成熟而出现发展停滞，需

① 固定成本（Fixed Cost），（又称固定费用）相对于变动成本，是指成本总额在一定时期和一定事业量范围内，不受事业量增减变动影响而能保持不变的成本。——译者注

求小于供给，因此我们无法把固定成本通胀而增加的那部分成本转嫁到价格上。可想而知，这样一来就出现了一个结构性问题——利润会减少。

近几年，有人就生产资料进行了调查，调查将企业分成了四种类型来分析：（A）成长和收益都非常高的企业，（B）成长倾向强的企业，（C）收益倾向强的企业，（D）成长和收益都不太好的企业。

从销售额的走势来看，发展迅猛的当然是优秀型企业（A）和成长型企业（B）了。重点是下面的内容：假设把每个员工的销售额作为衡量生产力的指标，则成长型企业（B）的生产力在不断上升，而收益型企业（C）则在均衡收缩[①]，或者说是在为了维持收益而努力，收益型企业（C）的生产力并没有怎么得到改善。也就是说，我们国家员工的劳务费占固定成本的大多数，这就造成了固定成本呈通胀式上涨。另一笔大的固定成本就是销售管理费用，从销售管理费用来看，优秀型企业（A）和成长型企业（B）的销售额（分母）都在不断增加，因此销售管理费所占的比例会渐渐有所好转。然而对收益型企业（C）和成长及收益都不怎么好的企业（D）来说，这类固定成本所占比例会随着时间的推移而逐步增大。这两组企业间存在的巨大差异，到头来就会影响到收益。

成长型企业起初为了成长，会在固定成本（包括人力成本）方面下血本，而且收益也会很差。然而，随着销售额的实际上升，盈利能

---

① 维持经济稳定，同时缩小经济规模。——译者注

力就会逐渐得到改善。相对而言，那些在石油危机后采用均衡收缩的收益型企业当然能在短时间内大捞一笔，但目前的实际情况是企业成长出现停滞，到头来消化不完那些增加的固定成本，盈利能力正在逐渐降低。也就是说，目前状况是收益型企业的营业利润这几年一直在减少，而相对地，那些通过成长提升了销售额的企业近年来营业利润得到了改善。

换句话说，业界里哪怕有一家成长型企业，这家企业的利润（因为把销售额放在了分母的位置上）都会逐渐改善。然后再根据定价政策①把这份利润拿到市场上，就能获得市场份额，进而销售额就又会提升，就会形成这样一个良好的循环，反过来再把利润当成留存收益②，收益就会出现显著改善。

即使在成熟的社会环境下，成长倾向对于维持收益来说也是不可或缺的。当今社会正在发生这种在过去简直无法想象的现象。

采用收购以外的方式很难进入新市场

左思右想通货膨胀这种现象的深意，可以说不采取收购方式的话，企业想要成长是非常困难的。然而日本向来只有极少数企业或行业能进行企业收购。

---

① 指企业从战略角度来决定自家产品的价格。——译者注
② 留存收益是公司在经营过程中所创造的，由于公司经营发展的需要或法定的原因等，没有分配给所有者而留存在公司的盈利。——译者注

对某些产业来说，不动产和固定成本非常重要，如果这些产业投资越早，那么补偿①部分就会越少，对企业本身也就有利。对于像宾馆和超市这种业绩会大幅受不动产影响的产业来说，这种倾向尤其明显。比如说现在买进不动产和其他物资开始发展，当然就比 10 年前已经制订好了事业计划，买好了这些东西要不利得多。

就日本的情况而言，股价会根据每一股的利益而有所波动，因此就存在一种现象：股价对于实际资产而言是非常便宜的，这是日本股票市场存在的一个矛盾，把这个矛盾跟通货膨胀现象联系到一起，大家就会发现一个事实：想要后续加入某项事业非常困难。相反地，收购等成长战略就凸显出它的魅力来了。我认为，迄今为止，日本不管是基于精神方面的原因，或是历史上的原因，都尽量想避免收购这种形式。然而，如果想不借助这种方法来继续发展企业的话，那么对某些行业来说，其困难程度从战略角度上来讲甚至可以说是乱来。因此我们认为，今后会有各种企业迅速采取收购这种成长战略。

就算是美国，在 1960 年以前的成长期也很少采取像企业收购这种企业成长手段，而是试图凭自身的力量来成长。然而自 20 世纪 60 年代以后美国转入了低成长时期，收购就非常盛行了。根据这点，也可以说低成长条件下的通货膨胀对于企业战略来说有着非常重大的意义。

---

① 这里所说的补偿是成本补偿。成本补偿：在交易发生一段时间后，相应的收入或利益才会产生，这些收入和利益就是成本补偿。——译者注

从劳动密集型转向资本密集型

接下来，我想请各位琢磨一下自动化、合理化①这种现象。第一，像汽车、电子产品、家电这样的装配型等以往的劳动密集型产业变成了固定成本产业、加工产业。该现象包含的一层含义就是企业必须转变自己的思路，成长期的思路是把工厂设置在能够获得廉价劳动力的位置，而现在则更应该把工厂设置在离消费者较近的位置，当然也包括把分散在东南亚的生产基地转移到欧美市场，直接集中投资。

昭和40年代②初期，有些企业为了发展，把工厂分散到了东北和九州的山里。这些企业这么做主要是为了获取劳动力，然而今天看来，这些工厂生存得非常艰难。这种工厂规模太小，安排不了太多人手，也就改善不了生产力。就算想投资升级设备来促进合理化，也因为工厂太过分散，没办法令所有工厂都实现合理化。因此，只要在竞争对手中出现一家公司去集中投资一间工厂，那么这家公司就会具备非常强大的竞争力。

因为上述情况，那些曾经转移到固定成本型产业的事业于是陷入一个循环——为了补偿固定成本，不得不再度去追求规模。

装配型产业过去一直被认为是劳动密集型产业，过去的人工费比例占到总成本的25%左右都不是什么新鲜事儿。而今天，在从事这

---

① 这里指生产和经营方面的合理化。——译者注

② 指1965年（昭和40年）到1974年（昭和49年）。昭和48年，即1973年发生了第一次石油危机。——译者注

些事业的直接成本里，人工费少的时候占 5%，最多也不超过 10%。对这些产业来说，想要通过降低直接成本来提高生产力，实现差异化^①已经是非常困难的事了。因此，比起把工厂分散到小城市和东南亚来谋求廉价劳动力，更应该选择把工厂设置在靠近市场的地方，或是能把用于提高生产力的强力自动化设备和强力生产技术都集中放置在一起的地方。

大家需要基于以上情况，再好好琢磨一下劳动密集型产业向资本密集型产业转变的含义。

从加工产业转向可变成本型产业

我在化学产业等领域看到过与其相反的现象。像石油化学工厂这些过去被称为加工产业的产业，在能源危机后，原料费甚至超过了原价的 70%，其中还有超过了 90% 的。过去这种事业成功的关键在于维持开工率^②以补偿高额的固定成本，这是一种以加工为中心的思路。然而在可变成本^③飞涨的今天，采用这种方法只会浪费贵重的原材料。

---

① 所谓"差异化竞争"，就是通过市场细分和个性化服务来获得差异化竞争优势，也就是树立起企业自己的风格。——译者注

② 表明某段时间内企业生产能力的利用情况。——译者注

③ 可变成本（Variable Costs），又称变动成本，是指在总成本中随产量的变化而变动的成本项目，主要是原材料、燃料、动力等生产要素的价值，当一定期间的产量增大时，原材料、燃料、动力的消耗会按比例相应增多，所发生的成本也会按比例增大，故称为可变成本。可变成本等于总成本减固定成本。——译者注

因此，成功的关键就转移到了一点上——只参与追求附加价值的那部分市场，把产品加工后再卖掉。虽说是石油炼制工厂，也不是整体都实现了垂直整合^①。也就是说，我们越来越需要一种类似于贸易公司的经营方式：买入市场价格低的原料，在半成品的市场价格高的时候自由卖出。此外，买入价格不管相差多么微小，对市场竞争来说这部分也会成为一个造成差异化的重要因素，因此保证稳定的供货渠道，改善买入方法等就变得极为重要了。

话说回来，有人说美国陶氏化学公司^②和杜邦公司^③渐渐拉开了经营差距。陶氏过去因贷款经营而广为人知。陶氏用这笔贷款买了川上的矿山和资源，这样一来，就控制住了重要的原材料部分的通货膨胀。因通货膨胀影响，其他公司还要去买价格已经明显上涨的原材料，而陶氏把川上都给垂直整合了，凭借这一举措，陶氏对通货膨胀有了强大的免疫力，如今这一点终于通过其产品的价格竞争力和盈利能力的差距渐渐反映出来了。

从这种意义上讲，可以说能源危机把加工产业转变成了可变成本

---

① 垂直整合（Vertical Integration），也叫垂直一体化：一个产品从原料到成品，最后到消费者手中经过许多阶段。如果一个公司原本负责某一阶段，当公司开始生产过去由其供货商供应的原料，或当公司开始生产过去由其所生产原料制成的产品时，称为垂直整合。——译者注

② 1897 年成立于美国的陶氏化学公司是一家以科技为主的跨国公司，位居世界化学工业第二名的国际跨国化工公司（美国杜邦居第一位）。——译者注

③ 杜邦公司是一家以科研为基础的国际性企业，提供能提高人类在食物与营养，保健服装，家居及建筑，电子和交通等生活领域的品质的科学解决之道。——译者注

型产业。这样一来，如何抑制可变成本就成了创造竞争差距的关键，就这一观点来看，毫无疑问，战略也得大幅度改动才行。

从分散走向集约化

如上文所述，想要推进合理化，到头来我们还是得把分散的东西集约到一起。这点不只针对工厂，对脑力劳动者来说，一直保持这种分散状态也做不出什么成绩。

除了销售公司，其他公司也在不断朝着集约化的方向前进。在家电等行业的成长期，为了在整个日本范围内收集需求，他们细分了销售公司，打造了十分周到的网络，然而随着世代的交替，需求的饱和，他们的管理能力也随之受到了挑战。因此，大家也逐渐转变了意识——如果不统一销售公司，在这方面动点该动的脑子，就赢不过在各个地区发生激烈竞争的地区营销。

是成本竞争力还是差异化战略

我们最近在认真想一件事：想要在发展停滞的市场中分一杯羹，其关键在于相较对手企业而言，如何保持自己的竞争力。首先仅有的一个方向就是在市场中以价格竞争力彻底取胜。

然而，如果没有这份价格竞争力，就算跟对方站在同一片场地上正面冲突，也完全不会有胜算。只能下定决心推进差异化，针对特定消费者，用附加价值竞争力来决一胜负。也就是说，比起成本，更应该用价格来取胜。这时候就需要通过机能分类来创造竞争差异，保证自身占据压倒性优势地位，例如服务、设计能力、购买方法。此外，适应消费者的多样化需求也是一条路。大多数人都会追求价格低廉的商品和服务，然而也会有一部分人有着不同的诉求。因此，也可以采取只以这些人为目标对象的差异化战略①，把这项生意做成一门事业。

此处的重点在于，必须无视一直以来的正面攻击，进一步拓展野心，采取差异化战略。为了在竞争中生存下去，必须明确大的方针：是要彻头彻尾以成本来决胜负呢，还是对特定部分采取差异化战略来决胜负呢？如果不这样，整个公司组织就会不确定要强化哪项机能，迷失在以价格取胜的大众市场中，就算被强行拉上了成本竞争力的赛场，也不可能存活下来。

发掘差异化的主要原因

那么，既然要采取差异化战略，就得弄清楚什么会造成差异化。我们把连接事业上游和下游的所有机能的这一系统叫作商业系统，然而如果试着彻底琢磨了资源筹集到服务环节的每一项职能，我们通常就能发掘出差异化之所以合理的主要原因。例如，过去想用成本决胜负，基本上都必须降低制造成本。而如今，就拿大众市场上流通的耐

---

① 差异化战略又称别具一格战略，是指为使企业产品、服务、企业形象等与竞争对手有明显的区别，以获得竞争优势而采取的战略。——译者注

用消费品来说，除了制造成本还有不少于50%的成本。因此，通过调整销售管理费用和流通成本来彻底变强，从而实现差异化当然也是有可能的。此外，那些材料及其他物资非常贵的产业也可以用这种筹集技术来实现差异化。如果各位不去努力发掘这种差异化的主要原因，而是用所有的方法和手段跟竞争对手去干相同的事，就会陷入恶性竞争之中，大家都会通过压价来争取市场份额，到头来，就会导致整个业界都遭受损失。

追求差异化的另一个方法，用我们的话来说就是采用"漏洞分析"的手法。假设有家公司在整个市场占20%的份额，那为什么没能拿到剩下的80%的份额呢？该公司调查后发现，有20%的份额是因为产品系列不完善而漏掉的，有35%是因为销售网较弱，覆盖消费者面小而漏掉的，有25%是因为竞争失败输掉的——我们就可以这么来分析。再好好琢磨一下这三点，比如说竞争失败主要失败在产品、销售能力、服务、支付条件上。同样，对于剩下的两点，我们也可以分别列出其主要原因，然后针对这些来查看哪些项目需要改善。

事实上，有时候稍微改变一下视角也能找到对付竞争的差异化战略的关键所在。我会这么说，是因为通过这种"漏洞分析"可以从恶性竞争中脱身，清楚地打出提升市场份额的关键一击。

要想在维持收益的同时提高市场份额，重点在于明确以下两点：要围绕众多差异化主因中的哪一个来展开战略？要改善哪个，消除哪个劣势？于是，好好想想这些话，可以说为了幸存下来，明确方向变得越来越重要。棒球里有一种说法叫"在中外野和右外野间的落球"①，用这样半吊子的经营方针在今后是活不下去的。

垂直型国际分工的失败

刚才我们解释了低成长条件下的通货膨胀现象会导致利益逐渐减少，然而这也意味着垂直型国际分工②存在无法修复的残缺。在成长期，企业巧妙运用了合资企业、销售子公司、转包、外包等手段来具体瓜分垂直方向的整体利润。利润丰厚的时候用这招当然很好，但如今整个商业系统的利润正在逐渐减少，重点已经不再是如何瓜分多余的利润，而是谁来拿，如何拿这些整体上已经变得很微薄的利润。而且，现在还牵扯到一个严肃的问题：整体出现赤字的时候，由谁来负责弥补？

从这方面讲，今后企业间也会逐渐解除彼此间的合作关系，尤其是围绕利益容易产生冲突的垂直方向的合作关系。因此我们必须选拔对手，努力将合作关系维持下去。

---

① 落球，即碰到了球但是没接住。这句话的意思是说中外野和右外野的外野手都没能接到球。——译者注
② 垂直型国际分工是指经济发展水平相差悬殊的国家之间的分工。这类分工主要表现为发达国家与发展中国家之间的分工。——译者注

产销分离体制的死期

另一点引人注目的，就是产销分离体制①正在迎来它的死期。产销两边都能获取附加价值的时代固然很好，但现在想要这样就非常难了。而且，当年成长期那会儿，卖的拼命卖，做的拼命做，这样就够了。然而时至今日，跨越产销的案例层出不穷，例如考虑到国际化这一新问题，就必须把生产根据地转移到海外，或者就得为了实现集约化生产而从某地区撤退，不然的话就会在竞争中败下阵来。

如果竞争对手中有家公司拥有强力的领导班子，而且心胸开阔地在做产销一体化的工作，那么对于产销分离的公司而言，其决策上就会发生非常大的问题。也就是说，不管做出怎样的决策，都会有人受伤。因此只好拖着迟迟不作决策，或是做出暧昧的决策，这样一来就成了竞争对手的盘中餐。再加上整体利润变得非常少，所以也不能直接听从生产和销售两方的一面之词。因此，成长期的成功模式——产销分离体制如今非常迅速地迎来了它的死期。

流通战争的长期化

伴随着垂直型国际分工存在的破绽，流通战争也出现了长期化的现象。这点我们会在第五章详细说明，在这里我们就简单把它总结一

---

① 产销分离体制指生产商只负责生产，生产商委托销售商负责销售及销售服务的产销分工体制。——译者注

下，就是说，由于所谓的流通利润减少（原因参照上文），围绕由此而来的竞争，制造商渐渐采取了直销手法、通过零售方实现批发和广泛化，或是为了避免价格竞争而采取特殊化、专业化等举措。

最近明显崭露头角的折扣店也是在这种背景下理所当然地应运而生的。想要在有限的市场中分一杯羹，就不能像以往那样采取非常豪华的渠道把产品卖给消费者，在已经没有多少利益的今日，这种做法是没法与人竞争的。制造商或零售商不得不去承受这一现状，折扣店围绕耐用消费品中那些向来利润大而周转慢的，以及曾经周转慢的产品而设立的现象层出不穷。这种折扣店成立的基础就是无视以往的流通渠道，通过最短的路径将厂家和消费者联系在一起。这种现象作为附加价值战争的一个典型例子，逐渐波及了生产物资、消费品、服务业所有领域。

巨大化的折扣店

在折扣店之中，有些通过经营宝石、眼镜、相机、体育用品等具备了相当强大的盈利能力。举个例子，我们来分析一下东京新宿站西口有名的友都八喜①相机店。如果画一张针对该相机店每个员工的盈

---

① 友都八喜在日本是仅次于YAMADA电器（ヤマダ电机）、EDION集团（エディオン）的第三大电器销售平台，主要销售各种生活电器、计算机、数码相机、摄像机、化妆品、名牌箱包、手表、运动器材、音响、游戏机、软体、DVD/CD、专业摄影器材等产品，品项超过85万个，在日本零售业中，单店销售额与单人销售额均为日本第一。——译者注

亏平衡图，就会发现即使销售量降到现在的一半，也能维持盈亏平衡点[①]，该店就是有着如此强大的盈利能力。有人说，在东京地区有大概百分之三十的单反相机[②]都是这家友都八喜相机店卖出去的。这样一来，来自制造商方面的限制也就完全不起作用了。其低廉的价格也吸引了整个关东圈的人来买相机，改变了以往批发商的功能。

折扣店的规模之所以会发展得这么大，其中一个条件就是制造商的失职。因为制造商忘记了其本来使命是要给消费者"提供低价好产品"，非要一门心思扑在流通成本不小于50%的效率又低又不彻底还冗长的销售网上。因此对业界而言，在这种折扣店开张之前，制造商或零售店这边需要制定一定的对策。假设都是全国知名品牌，消费者肯定会选择便宜的那一方，当然就不管什么连锁不连锁门店，直接去找便宜的商店。我们不能因此去责备消费者。

如大家所见，世界发生的本质性变化给经营战略带来了广泛而深刻的影响。很明显，这一切反映出了市场成熟化使得利益逐渐减少，垂直型国际分工逐渐走向失败已成事实。然而换个角度来看，这个失败也可能是一种商机。与其说是商机，不如说，还可以把它看作是一个千载难逢的、不一定存在威胁的机会——只要你有眼光，懂得如何

① 盈亏平衡点（Break Even Point，简称BEP）又称零利润点、保本点、盈亏临界点、损益分歧点、收益转折点。通常是指全部销售收入等于全部成本时（销售收入线与总成本线的交点）的产量。——译者注

② 单镜头反光式取景照相机，（Single Lens Reflex Camera，缩写为SLR camera）又称作单反相机。它是指用单镜头，并且光线通过此镜头照射到反光镜上，通过反光取景的相机。——译者注

把长期存在于业界中的附加价值吸收进自己的公司之中。因此，为了确保收益来源，我们今后需要用长远的眼光去重新组织流通机构，或是切实制定用于吸收附加价值的策略。

二、组织运营

交界处引发诸多问题

说到组织运营，可以说，近来企业管理中各种各样的问题都是在组织的分界处，即"交界处"发生的。

比方说假设我们采用了CAD技术（使用计算机的一种设计技术），就多出来了大量的设计技术人员。考虑怎么安排他们的时候，下面的问题就来了：是要把他们以SE（售前工程师）的身份安排进营业部门呢，还是用他们发展其他的事业呢？想要解决这些问题，不能只在他们过去待的设计部门内讨论。此外，想改变内外产比，也就是要做出内部生产部分和外包部分的比例这一战略上来讲非常重要的决定时，设计、生产、购买等部门的分界问题也就变得非常复杂了。

一旦公司死板，高层管理者的领导能力又弱，各个部门间的分界门槛就相应变高了。反过来说，领导能力越强，部门之间的门槛也就越低。也就是说，"部门之间的围墙高度跟高层管理者领导能力的强度成反比"。在拥有职能组织的大公司中，如果各个部门的领导都像小庄园主①那样去努力的话，就很难解决像改变内外产比这种跨部门的问题。因此相较于竞争对手而言，就会产生不合理运营、成本花费颇高的现象。

同样，在销售、设计、服务的交界处的问题，或是把工厂转移到消费国就近生产时面临的出口和国内的问题上，如果每个人都只站在自己的立场，只针对自己的强项去提出看法，那么问题是不会得到解决的。反过来考虑，也可以说商机就位于这类交界处。

来自不同行业的威胁

此外，现在也经常出现来自不同行业的威胁。比方说家电产业就从很大程度上干涉了商用机器②产业。与此同时，商用机器产业如果想具备竞争力与其对抗，就必须以一般家庭为受众开发家用商务机器之类的产品。医药行业也不例外，化学公司、石油公司、食品公司等正围绕生命科学大步进军医药领域。在此种意义上讲，药品公司也不能光是依赖于制造和销售外国开发的产品，而是要回到相当基础的地

---

① 庄园制度是日本封建社会中期的私有土地制度。庄园主则是支配庄园的领主。——译者注

② 又称企业用机器（如计算机、加法机、打字机、制表器等）。——译者注

方来着手自主开发产品，不然的话就根本无法与这些公司对抗。这样一来，就出现了一个问题：如今，我们跟过去那些曾被看作是"外行"的人之间的战斗形势已经演变得十分严峻了。

电子领域也是如此，有些机构能读取曾在录像中使用过的图像，还有些机构能通过演算画出或放映出这类图像，仔细观察一下这些机构的话，就会发现摄像机、复印机、相机基本都是一回事。而且，只要掌握了通过调制解调器用电话线来发送信息的技术，那么传真也会变成同一行业，那些以往被电子工业认为是其他行业的干式复印机、摄像机、相机、传真机等绝大部分东西都能用相似的基础技术来涵盖进电子领域。现在已经不能再像过去那样，只在自己的行业想着一个产品系列的技术开发问题了，这样是无法与它们抗衡的。这也引发了交界处的问题。因此，事业部门的领导不能只想着自己这一块儿，这样的话制定不了长期战略。另外，在此之前，错误规定了事业领域，用错误的标准组织了营业部门，那么就可能完全无法采取长期性对策。这样的问题正频繁出现于各行各业。

从钢铁统治转向电子工业统治

说到电子工业方面，有一点我觉得很有意思，就是世界从以往的钢铁统治（从汽车到家电、造船）的状况，渐渐转变成了电子工业统治。瑞典、德国等国家虽然曾经靠钢铁风行一时，但现在再去这些国家，则会感到气氛非常压抑。很明显，它们没有新的东西。

如今计算机、通讯器、商用机器等产品的市场规模共计有十兆日元，其发展规模已经和汽车、家电等巨大产业不相上下。而且，汽车中电子工业的含量（例如把发动机等电子控制设备等全算进去）约占总成本的20%。即使在家电领域，微计算机的应用也日益占据着非常重要的地位。这样一来，如果一些国家不具备受到电子工业恩惠的腹地，就很难进一步发展它们向来认为很强势的钢铁应用产业（如汽车等），也很难维持国际竞争力。

拿联邦德国来说，电机工业都基本掌握在西门子等公司手里，因此如果这些公司不把推进电子工业化当一回事儿，最后就会演变成整个国家都没有电子工业的局面。联邦德国在改进生产力这点上落后于日本，所以就算想要引进新的工作机器，也没有好的NC①机器。德国的机器制造商仍然固执地认为，他们用了三十年的机器还是"好机器"，所以他们完全跟不上新生产者的需求。于是他们就从日本大批进口NC机器。然而，很少有懂行的外包公司会采用那些使用了电子工业技术的稍微省力一些的机器（而电子工业对实现生产线的真正近代化来说是不可或缺的），或是从软件层面来支持制造商。因此他们的家电等最终产品就失去了竞争力。公司不得不制订裁员方案，无法大胆投资。这就形成了一个恶性循环。

从钢铁统治到电子工业统治的变迁有着广泛的影响力。没能赶上这股潮流的公司或是国家，其发展的可能性、成长的可能性都会遭到明显的停滞。

---

① 即Numerical Control，数字控制，简称数控。——译者注

采用灵活的超组织结构

应该如何应对这种交界处的问题，即来自不同行业的威胁这一问题呢？一味执着于现存的组织运营系统是没有任何用处的。必须形成超组织——即能够超越当前组织固有框架的机制。必须设置战略部门（公司整体的战略部门），或是根据公司情况设置跨部门的特别小组来解决问题。高层管理者就算对以往的部门磨破了嘴皮，让他们"解决这个问题"，也是没用的。这种观点光靠当事者是很难得到的。因此为了变革，需要采用灵活的超组织结构。

这种方法的一个著名案例就是美国通用汽车公司的小型车开发团队。通用有雪佛兰、庞蒂亚克等部门，高层管理者已经跟这些部门不知道说了多少遍"为了跟日本的制造商抗衡，我们要做小型车"，而现有的事业部门根本做不到。就算上头下令让做，按照以往的设计流程和生产顺序一步步来，也要花上十年的时间。这样完全消除不了日本车带来的威胁。因此，通用成立了一个名为"小型化团队"的小型化专用项目部门，在全公司范围内征集职位低于总经理的精英，在短时间内就完成了"小型化"，通用就是这样跨过这道坎的。就这样，K-Car① 和 J-Car② 等车型陆续输出到了全世界。

在日本，人们也经常使用这种方法。日立最近在报纸上说要开发

① 日本汽车分类中规格最小的汽车，指排气量不超过 660cc 的三轮车和四轮车。——译者注
② 也是通用汽车公司当年生产的一种车型。——译者注

机器人，就从全公司范围内征集了 500 名工程师，以机器人的名义成立了一项事业。这项事业交给现有的事业部门去做基本没戏，想必日立今后对于重大事宜会越来越多地采用这种灵活结构。另外，直到明确整个目标的轮廓之前，都不能解散这个组织。过去我们往往会在运营目的不明确的项目时犯错，为了不重蹈覆辙，高层管理者需要明确指出着陆地点——这就是把这个超级组织运营好的秘诀。

需要明确决策机构

对巨大的企业集团而言，为了活化就需要进行机构改革。下面我想说说如何重新看待决策机构。

首先最重要的一点就是明确高层管理者的职务和权限。比如说，常务会 ① 是什么呢？是代表部门的会议吗？还是站在整个公司的立场来指导各个部门呢？直至今日，还有相当多的公司没有解决这个问题。这样一来，就会出现常务会此时代表某个部门去发言，彼时又站在整个公司的立场来发言的情况。然而实际问题是，如果不明确自己真正的立场，真的能长期地完成各种方针政策的审议吗？何况这种审议有时候还不得不为难到某个部门。因此，在这里我们有必要重新定义一下：高层管理者在今后的新世界里都有哪些职责呢？另外相应的部门领导的职务、责任和权限又是什么呢？

---

① 相对于董事会是日本企业的决策机关，常务会则是执行机关。——译者注

另一个重点就是要明确选用分权和集权。要事先决定好给各个部门多少权限，总公司或其他部门要去集中搞哪些职能。否则大家就会开始干差不多的事。另外，如果嘴上说着已经分权了，手里却还集着权，那么就会导致相同机能分权分得不够充分，这样一来就会产生巨大的混乱和浪费。大家都会在心里暗暗觉得责任不在自己，手中握有权力的人也会觉得上面没有授予自己足够的权力，中层管理者的能力没有得到充分发挥。可以说，通过明确选用分权和集权，就能确定中层管理者（特别是中老年者）能够将能力发挥到什么程步。我认为大家在这段时期应该再尝试研究一下这一点。

需要重新看待总公司

可以说，今后大企业将迎来一个重新看待总公司机构的时期。特别是在已经推进了跨国化的前提下，总公司作为国际企业还没有得到完善。在发展跨国化的时候，总公司多半会演变成一个形态与以往在日本国内生产时的总部（总公司）大相径庭的机构，然而就日本公司而言，即使在海外市场占据了非常高的比例，总公司也还是原来那样。光对付海外部门那点换汤不换药的状况就已经快拼尽全力了，这样不可能实现经营资源的理想再分配。总公司部门原本就该负责当一瓶实现整个公司资源（人力、物力、财力）的最优分配的润滑油。

总公司是负责把资源分配给新事业的机构，是负责汇集人力和资金的机构，是削减整个整体的间接成本的领军人物。针对这些职务，我们要构建出一个怎样的总公司呢？话说回来，总公司又是什么呢？我们渐渐迎来了一个需要重新看待这些问题的时期。

头脑和肉体在巨头企业中的分离

过去有句话"大的就是好的"，所以在全世界范围内发生了巨头企业占主导地位的现象。事实上，跟地域无关，在日本人们也一直认为大公司就是好公司。然而，一旦你亲眼目睹了巨头企业在日本和美国等国家的实际情况，就会发现"头脑和肉体分离"的现象日益显著。特别是在美国，所谓的设计人员（策划部门）会召集头脑灵活的人来制定战略，分析各种因素，然后做一些计划。然而，这么做却导致了策划部门和执行部门之间形成了巨大的鸿沟，就好比设计和设备明明只差一个字，但差距都是十万八千里。也就是说，发生了肉体和精神分离的现象。

这样一来，上面的人磨破了嘴皮，也渗透不到基层去。当然，日本的巨头企业里也有在基层渗透得非常好的公司。可是相反地，这种公司也会被人说战略策划部门很弱。不管怎么说，要将这两者做到两全其美是一件非常困难的事。

举个例子，美国某家大公司曾经想在市面上出一款产品，于是他们必须做调查，看看有多少人认可这款产品。根据这项调查，以财务和研究开发这类"部门"为单位来看，总共需要从各种各样的人那里得到213次认可才能把这款产品拿到市面上去。现在部分巨头公司想把新东西拿到市面上，就得经历这么复杂的流程。因此，如果没有十足的发展劲头的话，中途肯定会丧失热情的。

巨头公司是一群能把一直以来的成果保护得非常好的机构，然而在想陆续做新东西的时候，障碍和禁忌就多得惊人。此外，巨头公司还有一个特征，就是反对方案的人比提出方案的人多，评价机制比提案机制发达。

根据东证①1980年11月的股价来看，企业越大，股票就越容易涨停。这一现象也可能是日本特有的，因为日本的流通股数量和法人持股比例较多，不过要我说的话，我也经常看到有一些规模相对较小的企业因其股价非常高而受众人追捧。随着企业规模的壮大，股价也就很少会波动了，股票价格太高就卖不出去。另一方面，就资产方面看来，评价则完全相反。总之，尽管大企业有着强大的实力和雄厚的资产，却日益不受人们欢迎。

① 即东京证券交易所。——译者注

活化企业的 8 个条件

然而，在美国的大企业里也有规模大而且动作快的公司。柏克德①、雅芳②、3M③、惠普④、TI⑤、卡特彼勒⑥……这些公司就算在近几年，也一直在非常积极地拓展，没有呈现出大企业特有的僵化现象。虽然宝洁⑦在日本还是陷入了苦战，但在美国等地，宝洁却以其非常迅速的行动而广为人知。

为什么这一类的大企业动作迟缓，那一类的企业就算规模壮大了也还能维持灵活性呢？这是一个非常重要的课题。我们麦肯锡公司在这四五年来也花费了相当多的人力，一直在分析所谓的优秀公司。美国就不用说了，我们还一直在调查包括以德国为首的欧洲，以及日本

① 柏克德工程公司（Bechtel Corporation），创建于 1898 年，是一家综合性的工程公司。——译者注

② 美国雅芳产品有限公司（AVON Products, Inc.）1886 年创立于美国纽约，是全美 500 强企业之一。——译者注

③ 明尼苏达矿务及制造业公司（Minnesota Mining and Manufacturing），创建于 1902 年，是世界著名的产品多元化跨国企业。——译者注

④ 惠普公司（Hewlett-Packard Development Company, L.P.，简称 HP），是一家国际性的资讯科技公司。——译者注

⑤ 德州仪器（Texas Instruments），简称 TI，是国际领先的半导体公司。——译者注

⑥ 美国卡特彼勒公司，成立于 1925 年，是世界上最大的工程机械和矿山设备生产厂家、燃气发动机和工业用燃气轮机生产厂家之一，也是世界上最大的柴油机厂家之一。——译者注

⑦ 宝洁（Procter & Gamble）创立于 1837 年，是国际最大的日用消费品公司之一。——译者注

的活化企业的特征，于是，我们大概了解到这些公司具有以下 8 个共同点。

（1）非常重视实施和执行能力。全公司有一个普遍的价值观：比起分析和制订计划更重视执行能力的维持和提升，而且一直在不断努力。

（2）非常贴近顾客，始终贯彻现场主义①。就算是高层管理者也会花很多时间去查看现场，贴近顾客。此外打给高层管理者的电话或是拿给高层管理者的文件里，也包括很多与外部人士交流的内容（包括生意等其他有意义的内容），而较少面向企业内部。反过来再看那些僵化的大公司，员工跟上下方向和水平方向（其他部门）的人对话较多，而跟外部的顾客对话较少，只是在不停重复跟公司内部人士的交流。

（3）不管是生产还是销售，他们为了提升生产力，一直都非常重视"人"。这点跟日本的经营理念很像，但如果单是写本指南手册，然后用计算机来管理人的话，不管过程如何，到头来这家公司的生产力是不会有所提升的。光是全力使用这种近代设备（计算机）是不行的，我们还是要非常娴熟地使用人力资源。

（4）分权化，也就是权限的让渡在迅速发展，与此同时，分权化也成了容易发扬企业家精神的一种机制。这一机制跟之前我们所说的那个案例（即开发一款新产品需要通过213道手续认可的案例）形

——————————

① 相较于上级的决定和会议决策，更重视基于当场情况来判断问题，采取方法。——译者注

成了对立，从这种意义上来说，优秀的公司一直在采用单纯的形式，而不采用复杂的形式、计划，以及烦琐的申请过程。

（5）管理部门很精简。依我个人来看，根据帕金森定律[①]，管理部门越大，事业部门人员的工作就往往越复杂。因此管理部门越是精简，企业组织内部的工作也就越少。

（6）一直立足于自己的能力。有句话叫"这山望着那山高"，不要一门心思关注别人在做什么，要充分了解自己强在哪儿，然后基于这些强处有毅力地开展工作。

（7）价值观成了动力。我们一直把对自己事业的使命感和价值观当作运营公司的原动力，例如，不准提供给顾客哪怕是一台故障机器，或者比方说生产物资方面，要通过这款新机器让顾客的生产力在1985年之前翻倍。不要拿"1983年度的销售额要达到6,000亿"这种上面要求的数字或命令来作为动力，而是要想想自己的使命是什么，然后把这份使命感当成驱动全公司前进的力量。这样就能得出普遍的"企业的真理"。

（8）紧张和放松要灵活地交替使用。如果公司在各方面都控制得很紧，员工就会没有干劲，失去生气。然而，如果全都放松的话，就没有节制了。因此，应该松一松让大家能喘口气，也要为了收益彻

---

① 帕金森定律（Parkinson's Law）是官僚主义或官僚主义现象的一种别称，被称为20世纪西方文化三大发现之一。也可称之为"官场病""组织麻痹病"或者"大企业病"，源于英国著名历史学家诺斯古德·帕金森1958年出版的《帕金森定律》一书的标题。——译者注

底紧一紧，例如在预算方面管得很严，交际费用方面管得松，或者对研究开发管得松，对成本管理却很彻底。

我们的调查结果体现了这8种共同现象。我不知道这些现象是不是对所有企业都通用，但是作为大企业保持活化的特征来说，这些现象非常有趣。话说回来，看到这里我才发现，近几年活化企业在海外突然很火，跟所谓的"日本型企业^①"非常相似。可见人们这么热衷于研究日本企业的原因之一，就是因为越来越深刻地感受到了探索大企业活化秘密的必要性。

麦克纳马拉后遗症

我把美国企业失活的最大原因称为"麦克纳马拉后遗症"。分析并制订计划，然后一切按计划进行，就像是让脑子好使的人来分析，让执行能力强的人（蓝领）来服从的一种手段。这方法跟美国没来由讨厌的苏联政府所用的手段没什么两样。五年计划、三年计划、长期计划，没日没夜地玩命制订计划。在此基础上，商学院还出了一大群头脑和知识都是半吊子的MBA^②（还号称这帮人是"麦克纳马拉的孙子"），这无疑是在火上浇油。

相对而言，美国也存在活化的优秀公司，事实上，可以说这帮公司几乎没有采用近代美国的表面上的管理手段，反而一直在采取人性

① 指日本在"二战"后形成的自己的一套经营模式。——译者注
② 工商管理硕士（Master of Business Administration）——译者注

化的手段来改善生产力，而且没有忘记自己事业的本质。

组织、执行力、战略三位一体

我们麦肯锡公司从全球网络中尝试调查了优秀企业与一般企业有哪些不同，然后我们得出了一个结论：这些优秀企业巧妙地保持了"7个S"的均衡（见第二章图 2-15）。

英语的双关语全都是以字母 S 开头的。中间包括价值观，也就是企业目的（super-ordinate goal）①。优秀的企业会以这个非常平均的价值观为向心力来发展。为什么企业会存在，企业是为什么而存在？一直是这些企业目的在企业中稳定发挥着作用。在其周围，还有战略（strategy）、组织和机制（structure）、管理体系（system）、人的能力和技能（skill）、员工（staff），最后还包括该公司特有的经营时间的做法，即风格（style）。这 7 个 S 相互关联，形成一套企业体系。如果在这个体系里只重视一个要素，比如说只重视战略，那么组织跟战略不一致的时候，或是企业目的跟战略不一致的时候，实际效益就上不去。大家就会发现果然光靠战略是不够的，重要的是重新综合看待整个体系。因此我们得出了结论：这"7 个 S"的均衡很重要。

一眼看上去，这个结论好像很理所当然，但对我们来说，这个结论关系着一场巨大的意识改革。因为我们意识到了这一点：按照我们

---

① 又译"最高目标"。——译者注

以往的工作方法，我们往往接下了制定战略的委托，就会拼命只专注于这一件任务，换成组织任务的话就会只做组织变更。然而如果不对其他的 S 也时刻保持高度关注的话，再怎么伟大的战略都无法实施。当初我们在美国《商业周刊》杂志上公布了这一结果时，引起了未曾有过的巨大反响。一直以来经营得不太好的公司，因为没有定下企业目的这一中心点，所以组织和技能在这里那里都不稳。果然必须聚齐向量[①]才行。

因此，虽说是巨头企业，也不能一直让头脑和肉体分离下去。跟企业大小无关，今后会是一个由组织、执行力、战略三位一体的"活化企业"来支配的世界。不要一个劲儿地强调降低成本这种老土的做法，对那些没法改变方向的行业和企业来说，战略也非常重要，组织更不例外。

也就是说，在 8 人单桨赛艇比赛里，光靠大家一起流汗挥桨是没有用的，舵手[②]也很重要。今后的管理者必须时刻位居高处来判断和保持"航向"和"努力程度"的平衡。

_____

① 具有大小和方向的量。——译者注
② 英文是 Cox，在日本通常指坐在赛艇最后面，可以用最短距离航行掌舵的舵手，还负责指挥其他人的动作以保持赛艇艇体平衡。——译者注

三、管理体系

体系作为7个S中的1个S，是维持企业整体活力的关键要素之一。特别对于中层管理人员来说，体系往往是唯一的判断基准。可以说，高层管理者要适应环境，中层管理者则要习惯于体系。然而，管理体系作为推进变革的重要因素几乎还没怎么得到过整理。

比方说，以会计体系为例。很明显，会计体系跟不上现代市场的多样化进程。就拿家电行业来说，渠道非常多，也越来越复杂。再加上产品的型号太多，生命周期也变短了。另一方面，市场还渐渐扩展到了世界各国。而市场、渠道、生命周期都对收益有着不同的意义。用某个渠道赚钱，卖某个产品却不赚钱，在某个国家赚钱，在别的国家却不赚钱。战略在对上述各部分的收益性及收益潜力的产品结构调整，以及以国家为单位的结构调整上起着最为重要的作用，因此在不赚钱的国家用不赚钱的渠道卖不赚钱的商品是绝对没有胜算的。

然而现实情况是，会计体系并算不出哪种产品最能赚钱。而且如果无法构建一套会计体系来掌握最终消费者为百分之百时包含流通费用的个别成本，就分析不了那些在自己公司之外的外部庞大成本，到头来就抓不住那些将带来巨大效果的关键之处。

因为没办法掌握以上情况，所以一个渠道战略都制定不了。对那些耐用消费品来说，在自己公司外部有 50% 的附加价值，所以一门心思研究自己公司内部的制造费用，也是不行的。向税务局和股东报告的时候，现有的会计体系或许很好使，然而一旦用在制定战略方面的话，就有很多地方已经跟不上时代了。

体系运用理念和责任方的不一致

另一个问题就是，这种体系运用的理念和责任方不一定一致。就算组织层面上形成了类似于战略事业单元（SBU=Strategic Business Unit）[①]的体系，由此构建了将市场和生产相结合的产销一体的责任体制，事实上，哪怕都细化到这些单位了，会计体系也只能反映分配情况，而反映不出事业的实际状态，责任方和成本的产生方做不到一致。其实资金和资产也需要在这种事业部门中有所体现，不能光靠瞬时风速般的损益表来束缚部门里的人。因此就算构建了一套易于管理利益的体制，利益管理的实际责任也基本没有配合体制移动。就算为了实

① 战略事业单元是公司中的一个单位，或者职能单元，它是以企业所服务的独立的产品、行业或市场为基础，由企业若干事业部或事业部的某些部分组成的战略组织。——译者注

现分权而采取这种措施，也很难得到分权后应有的效果。我认为，还是需要把现有的体系转换成能明确责任方的战略体系，同时我们还需要一套能够支撑这种战略体系的会计体系。

会计部门的人可能向来主要关注的都是账面对不对得上，他们可能很难理解体系的重要性，但不得不说，采用了新体系的公司在战略上的灵活性非常惊人。高层管理者往往会觉得"这个吧，体系怎么着都无所谓，体系就是一种思路而已"。而中层管理者日常接触的是体系，而不是高层管理者，体系最能影响到他们的思路。体系不变，他们平日的行为也不会有所改变。

"魔之十五年"

再看看人事体系这边，首先一个问题就是"中层管理者的发展难题"。最近有很多人指出了这个问题，不管是在销售、设计，还是采购方面，想要记住工作技巧，只要用大概 10 年（即 35 岁前这段时间）就足够了。然而，在日本的公司实际上都是过了 50 岁才能掌权，这期间有约 15 年的空白。

说到这 15 年的用法，很多人会选择用来守护自己的部门。身为专家，为了提升专业化、细分化的组织的一种存在价值，这 15 年就给用掉了。因此不管从智慧还是从视界来看，这期间都几乎没有值得一看的进步之处。不仅如此，在这段时间内还给所谓的本位主义①提供了温床。再加上公司内部教育不充分，这种倾向就这么被放任不管了。在组织划分得越来越细的时候，如果我们还想发展这种中层管理者，就首先得考虑怎么来解决这"魔之十五年"的问题。

方法之一就是更认真地考虑一下职业道路，在轮换岗位的同时培养超级全才。专家的话，到35岁左右能力就基本封顶了，因此当然就需要改进专家在这之后的工资体系，得让专家的工资体系和超级全才的工资体系有所区别。反过来如果不这么干，就培养不出真正意义上的高层管理者。我跟日本的高层管理者们谈过，他们异口同声地表示高层管理者是培养不出来的。我仔细一问才知道，这是因为没有形成培养高层管理者的机制。我认为会培养不出来高层管理者，其原因在于人们轻视职业道路的规划，而且公司还放任一群专家就这么故步自封地老去。

如今，当上高层管理者的人或多或少都是一些突破了组织的桎梏，全方位地、尽情地在各个领域活跃至今的人，因此人们往往会把问题归结到人才质量上。然而，这十几年来，日本各大企业一直出现胶着现象，其根本原因并没有那么简单。

---

① 本位主义，指在处理单位与部门、整体与部分之间的关系时只顾自己，而不顾整体利益，对其他部门漠不关心的思想作风或行为态度和心理状态。——译者注

事业单元的细分化

关于人事体系，还有一个问题我想事先提一下。那就是，随着电子工业等产业的发展，企业越来越需要新的技能。今后在日本，直接人员^①的生产力会先往上走，所以剩下的人都会被塞到间接部门。今后将是一个办公自动化（OA）^②的时代，间接部门里将会堆满机器。到那个时候，直间比^③的"间"将不得不再次减少。在这种情况下，就必须有一个明确的程序来安排间接人员的去向。因此人才的招揽、培养、选择就会再次成为高层管理者最关心的事情，作为高层管理者就必须着手打造一套程序来处理这一问题。

一种做法就是实施事业单元的细分化，而不是组织的细分化。公司越大，事业单元往往会越大。然而如果竞争对手中有中小企业的话，中小企业时常会用非常小的部门来从事一些专业性的工作，产销双方的责任也是一致的，因此被践踏在脚下的反而会是大公司。从这方面来说，应该尽量建立 SBU 体系这样的机制，这样的机制相对较小，而且把顾客、生产、销售分得很清楚，责任和权限都会以小单位来产生。我认为这就是一个方法。

---

① 直接进行生产制造的人员。——译者注
② Office Automation，简称 OA。——译者注
③ 即直接人员和间接人员的比率。——译者注

四、国际化

低估了当地企业

想要依赖他人之力成长，也就是说，想要在别的市场发展的时候，就不得不实现跨国化，然而对日本来说要实现这一点却非常难。

其中一个原因就在于我们低估了当地企业的真正实力。比方说，假设我们要转移到当地生产，如果在日本国内生产的话，不管是零件采购还是员工的质量都能因为腹地的存在而具有许多优势。于是在日本国内看来，欧美的竞争企业看起来就非常弱小了，现在从日本往其他国家出口的商品有着很强的竞争力。然而一旦到了当地，跟对方在同一赛场上竞争，就会意外地发现对方看起来甚至要比自己大三四倍，而且实际上对方的实力还非常强。

我们这三年来，对那些在海外作业的日本企业进行了调查，没想到有很多企业经营得并不顺利。本地化进行得并没有当初他们在日本想象的那么顺利。如果不准确看待腹地差异就直接转移到当地生产的话，一旦去了就会发现没那么容易就能打赢对方企业，实现直接生产、直接销售。因此，一定要基于对方的国情，重新整合自身。

复杂的日本式管理的转移

如果想不跟对方站在同一赛场上而在当地进行生产的话，反过来就必须引进日本式管理。然而，对于规模较大的情况和发达国家来说，日本式管理在过去几乎就没有成功过。原因之一是日本的标准化进程较为缓慢，而且日本还一直采用依赖别人来解决的方法，或是采用全员参与标准化这种欧美人看来极为奇妙的做法，因此也融不到当地的文化氛围里去。而且，日本人身为主动方，其语言能力和指导能力都有限，日本式管理是很难转移到当地去的。有些人听过好多遍极个别的实现了优秀转移的例子（例子里并不包括背景条件），就觉得都照这些例子这么干就行了。然而我们调查了超过100家公司，据调查显示，这种例子只占极少数。因此，大家有必要再考虑一下，是不是真的有那么多当地人会吃日本式管理这套？存不存在那种领袖魅力强到能引领大家走下去的日本职员？

需要永久性政策

还有一个问题，日本大企业的海外负责人一直在不停更换，连高层管理者都会几年换一次。然而当地的优秀人才是通过特定的人脉来聘用的，所以这些人才都会依赖于组织，并不会在距离一千公里、一万公里的地方干活。在这一点上，具备一个永久性的政策就非常重要了。对那些在海外发展顺利的企业而言，在日本国内多数还是长期采取独夫体制[1]的。

当地人的挖掘和聘用是一件要花很长时间去做的工作。假设以完备的网络、完备的体制为前提，每两年或每四年换一次高层管理者，就算这套在国内用得很好，在国外也行不通。反观那些在海外煎熬，为海外事业发展而烦恼的公司，有很多竟然都是日本被称为老字号的大公司，有优秀的机制，也有优秀的组织。可想而知，这就是使海外事业成功的秘诀和在日本一帆风顺的秘诀的最大不同之处。

基于长远眼光来整合内部

与此同时，还存在内部整合较慢的问题。特别是国际人才的养成速度非常落后。一旦涉及在当地生产，所需要的人才就得满足两个身份：既是生产相关人士，又是国际人才。然而，以往的趋势是人才以市场为中心从贸易公司向当地销售转移，所以对当地理解透彻的人大

---

[1] 即凡事都是最高领导者说了算。——译者注

多在营业部门。因此，如果实现不了从生产部门到销售部门的国际化，那么在当地生产这件事就立不住脚，随之就会显现出一个问题：没有适宜的人才。由此，组织总部需要告别那个只要是个能开出出口信用证，或是会点英语的人就能进海外总部的时代。

说到往"海外经营"阶段转移这件事，许多大企业的意识改革都比较缓慢。也可以说，根本措施只有一个，就是要基于国际化的长远眼光来优先开发人才和转变机制。光关注着要把现在国内的生产转移到海外，"要强化海外部门"，是解决不了这些问题的。

日本实力的不均衡

接下来，谈到贸易、政治方面，就是各国差距扩大的问题。

日本公认很强的汽车和电子工业等产业的从业人员只不过占总人口的13%。日本有65%的人口都在从事服务产业（第三产业），而国际竞争力几乎等于零。美国的生产力要比日本高出至少三成。像是以农业为代表的第一产业，其生产力也非常低。就算拿占人口27%的第二产业来说，化学和食品方面也非常弱。像医药品和抗生素这样非常有限的领域，日本倒是越来越强，然而大部分还谈不上有国际竞争力。国防、宇宙这些也很弱。这样看来，只有相当于总人口13%的那部分的生产力要高出一个层次，这种奇妙的现象越发明显。所以说日本一直被人公认很强很强，却呈现出一种不平衡的状态——只能在奥林匹克的十项竞技中赢到一项。

然而，这种强力的行业会越来越强。日本企业一直在培养优秀人才，也有着"不能输"的坚持，所以会越来越强。在此基础上，对于竞争对手的欧美而言，他们的这类产业已经进入了夕阳产业的阶段，在这方面的差距会越来越大。希望大家能对这种不平衡现象的出现予以理解。

用机械化填补需求的日本

产生差距的一个主要原因在于，日本一直追求在不增加员工的前提下提高生产力。这是日本特有的现象，欧美方面则有就业人口伴随生产量增加的倾向。

比方说丰田汽车工业拥有约 45,000 名员工，在过去十年间这个数字几乎没有怎么变动。然而这十年来其生产量却上升了至少三倍。丰田主要的联营公司有 15 家，其中有约 105,000 名员工，加上刚才的 45,000 人总共是 15 万人。日本的汽车公司和欧美的汽车公司相较之下，垂直整合的程度不同，因此必须进行改进（改进起来相当费劲），拿丰田约 15 万人来比较一下，我们就会发现丰田、日产等日本方面的生产力在这十年来呈现稳步上升的趋势。相对而言，欧洲的大众汽车和雷诺，美国的通用和福特在这期间的生产效率完全没有出现波动。

也就是说，日本尽管有像家电行业这样积极缩减人员的行业，但总体来说就业人口基本没有出现波动，采取了靠机械化来填补需求增

长的手段。其最大的原因根本不是日本自动化技术有多么先进，仅仅
是因为 20 世纪 60 年代到 70 年代出现了严重的人手不足问题，很难
招到人。也可以换个相反的角度来看：在当时的状况下只能依赖机器
来解决需求增长的问题。

如何应对僵化的欧美

然而，德国这些国家却在这种时候把技术和工序放到一边，从
希腊、西班牙、前南斯拉夫、土耳其等地大量引进廉价劳动力，解
决完需求以后，等到又不景气了，就把这帮人遣返回国。如今一看
才发现剩下的全是高工资的德国人，这帮人不愿干脏活，技术工序
等生产技术也还跟十几年前没什么两样。这就是如今德国经济不景
气的根本原因。

而美国在用人和裁员上就放得比较松，需求增长了就招人，不
行了就裁员，因此美国也同样没有改进生产技术，只是一直在采用
聘用和解雇人员的方法。此外美国的经营者一方面过于追求短期收
益，为了推进外包的引进等垂直整合，整个业界对于生产革命都出
现了僵化。他们没有采取像日本这样的灵活对策——在外包和转包
中都大批引进最先进的设备，就进行了垂直整合，这或许也是其僵
化的一个间接原因。

重点不是技术差距，而是社会和政治层面的问题

从这种意义上来讲，一直以来，以员工数量不变为前提来提高生产力的国家只有日本。假设丰田和福特生产的汽车数量几乎相同，丰田有 15 万名员工，福特有 49 万名员工，就算福特在生产设备方面跟丰田差不多，那么福特也必须裁掉 30 万人（包括撤销那些现在效率已经很低的制铁等部门）。想要消除这个差距，从社会层面来讲首先是不可能的，就算是美国政府都做不到。就算在生产技术方面追上来了，现实情况却是不管从政治还是从社会层面来说，大家都不能接受这个结果所带来的影响。分析一下这样的背景条件，可以说，日美的差距不是那么简单就能缩小的。

日本一直以来也把这个问题单纯理解成因生产技术差距而导致的，然而这更应该说是社会和政治层面的问题。由此可知，人们过于相信单凭生产技术能力就能形成这么大的差距，但这是错的。倒不如说，这十几年来社会体系一方面在迅速赋予企业竞争力，另一方面却使企业陷入了一个恶性循环的怪圈之中。这十几年来的裂缝不是一下就能填补上的。在这道裂缝处，弥漫着政治和外交的硝烟味儿，因为双方都没有想过能从正面处理这个问题。

“外敌”日本

事实上，从世界角度而言，日本通过这种途径得到的价格竞争力

对抑制通货膨胀起到了非常大的作用。加上这二十年来通货膨胀，日本汽车的实际价格一直都在下滑。家电行业也是如此，因为日本推进了自动化，削减了零件数量，所以在能源危机以后，汽车的价格也一直都没有上升。尽管如此，家电公司还是有收益的。这也是因为日本一直以来维持着成本竞争力，使得不用提价就能解决问题。

欧美方面则一直选择把上涨的这部分成本以与物价挂钩的形式转嫁到价格上，因而逐渐失去了成本竞争力。而这时又涌入了大量的日本商品，欧美的制造商就这么易如反掌地被打败了。拿植物打比方，就好比自然界系统原本建立在微妙的平衡上，结果却被外部突如其来的害虫破坏了。因此他们很严肃地认为日本是"外敌"。另外，市场价格又被这些日本商品拉低，欧美的电气公司和汽车公司理所当然就出现了赤字。因此欧美业界才会申请发动紧急避难。

通过竞争来提升竞争力

国家间差距扩大所引发的一个问题就是会导致强大的产业越来越强，进一步加深了贸易问题的解决难度。还有一个问题就是"通过竞争来提升竞争力"（虽然这又会牵扯到日本的特殊情况）。

比方说，日本光围绕圆珠笔这一个小市场，就有十多家公司争抢着拼命开发商品，而在别的国家也就一家到两家公司会做圆珠笔。这种切磋琢磨使得日本的圆珠笔产业实力更上一层楼。然而在海外，特别是在欧洲，主要产业几乎都是一个国家就一家公司包办。英国的汽车产业、钢铁产业、造船产业，比荷卢经济联盟的造船产业，德国和法国的电器产业实质上都可以说是国营产业，其状态近似于格列佛型寡头垄断①。因此，这里既然没有竞争，也就不存在通过切磋琢磨来强化竞争力。

根据上述情况来看，日本还保留着自由主义社会的驱动力（即企业之间通过独立竞争来变强）。另外，我们也了解到，不能单凭欧美在政体上采用自由主义，就断定欧美跟日本情况一样。特别是欧洲，大家可以这样理解：欧洲的自由主义是针对个人的，企业甚至被逼到了苏联国营农场般国家主义的死角。相反地，在日本国际竞争力强的行业在本国国内竞争也很激烈，竞争本身就成了提升竞争力的直接原因。然而我想说的是，大家应该意识到，日本这种国家在全世界范围来讲都是极特殊的。

光靠市场经济模式不够

还有一点，就是希望大家思考一下马来西亚、印度尼西亚、泰国、菲律宾这些发展中国家将来会怎样。过去工厂选址原则上都是选择在劳动力丰富的土地上建厂。因此发达国家的企业家也一直选择在廉价劳动力丰富的发展中国家建厂。然而，随着自动化跟合理化在发达国家（地区）的推进，这些企业不得不把工厂集中到一处。打个比方，

---

① 指在寡头市场中，只有一家或几家公司的份额占据压倒性地位，跟其他企业差距极大的状况。——译者注

原来有一家公司一直在菲律宾做 IC 封装，现在也不得不把产业整合到九州（硅岛），这种现象就是上面所说的集中。这样一来，往发展中国家投入的资本自然就会不足。而且离市场距离远，就很难弥补国家之间的差距，在发达国家加固贸易壁垒的情况下，不成为"内部人士"就没希望了。因此今后的国际企业在发达国家市场里必须卖弄自己的存在感（presence）。

再从其他角度认真考虑的话，光靠现在的市场经济模式是不够的，需要事先在一定程度上假设将来会发生意想不到的事态，即经济封锁的形成。也就是说，按照现在这样自然发展下去，不仅国家差距和地域差距不会消除，还会越发扩大。因此发展中国家在政治上理所当然会转向经济封锁。未来是不可能像 GATT（关税及贸易总协定）所规定的那样，以市场经济原则为前提来推进企业跨国化的。

我们越来越需要把某个地区在某种情况下会被封锁这种意想不到的事态纳入长期计划之中。首先，如果真的要在某个地区以"内部人士"的身份来战斗，那么就要有自己的公司，有一套独有的东西（从生产到销售，甚至包括技术）。其次，如果无论如何都没办法把这种发展模式移植到发达国家的市场基础上，那么就不如把战略切换成以发展中国家为中心。这样一来，就需要往那些会较晚发展成封闭社会的地方（如 ASEAN① 等）进行长期投资，事先在当地实现根深蒂固的产销一体化体制。

---

① 东南亚国家联盟（Association of Southeast Asian Nations），简称东盟。——译者注

五、技术革新

机场控制塔型的技术开发管理

关于技术革新，我会在第三章和第四章另行详述，不过在这里我想先就技术革新总结一下。首先，我认为会有大量现有事业被置换掉，以往的事业也会逐渐崩塌。其次，要在自己公司开发哪项基础技术，引进哪种技术，选择哪个要集中开发，哪个要分散开发，放多少研究人员去研究"守"，又放多少研究人员去研究"攻"——我们需要一套战略性技术开发管理方法来对这些进行综合管理，还有很多公司还没有形成这么一套方法。然后，就像我在上文中所说的那样，以往的事业部门制度，即事业的整合方法走到现在已经快撑不住了。因为以上三点原因，所以需要技术革新。

因此，面对这种情况，我们需要去设置一个控制塔型的参谋小组来作为理想的技术管理体系。如果把这个参谋小组比作飞机的控制塔，那么控制塔就管着各种状态下的飞机：飞行中的飞机、马上就要起飞的飞机、需要按命令依序起飞的飞机、半路折返的飞机、马上就要降落在跑道上的飞机等，为了让每架飞机都能使用到有限的空间和平面，控制塔就得统领整体发出最恰当的指令。

在技术开发方面也是如此，如果不采取这种措施，就会形成一种研究者自发申报题目，管理者只负责承认即可的制度。这样的话，就算有多少研究开发经费都不够，更谈不上什么商业化了。这种情况下，就非常需要高层管理者再站到前面来，采取像控制塔一样的形式来给名为研究题目的飞机予以指示。某项研究交给已经飞上天的飞机，某项产品则跟其他公司联手开发。如今开发的时间轴已经逐渐成了战略的重要因素，不能再搞封闭主义了。因此，也就越来越需要一个灵活的体制，这个体制给出的指示要能充分反映出使用了外力。

创造性导致了差异化

另一点就是凭现有事业很难维持收益，通过新产品和新事业来实现差异化变得越发重要起来。虽然我们处于成熟的社会环境，但如果不拿出新东西，企业到头来还是无法成长。从这一认识出发，近来日本的各位高层管理者开口就是"得发展新事业"。然而，对那些至今以管理为主体，以降低成本为中心的公司来说，如果上面号令一下，员工就得赶紧发挥创造性的话，从某种意义上来讲也挺困难的。

在大企业中如何维持创造性是一个既旧又新的问题。如果不在组织、体系、文化、方法等层面上去全面改变以往的做法，就不可能产生创造性氛围。就算是像美国通用这样，曾经不断推出硅、人工钻石、燃气轮机等产品的公司，近来也渐渐失去推出这类产品的能力了。而且管理手法越是升级，就越难从公司内部产生新的东西。麻省理工学院的所罗门教授也有调查，把那些放弃美国通用另行创业的人的事业全都加起来，规模要大于现在的美国通用。可以说想要在大企业中维持创造性确实是一件相当困难的事情。

一部分公司想尝试与以往有所不同的做法，这些公司会明确要"守"的部分，派最少的研究人员去做，而派多余人员去尽情尝试挑战新事物、大项目。如果不像这样去探寻哪种方法才最适用于启发自己公司的创造性，那么就很难改变公司的发展走向。那些擅长动员全体员工参加经营，并留下过优秀业绩的公司也不例外，光来一句："各位，从今天起请大家具备创造性"，接着给员工们胸口戴个徽章是没用的。更不能因此狼狈慌张而疏忽了防守。因此就需要大家腾出余力，以这份余力为基础来不断试错。

如上所述，时至今日，从技术革新到战略层面都在发生着各种各样的问题，一点点去着手修补已经根本来不及了。明明这项事业不改变航向就会完蛋，公司却干着一些类似于在即将沉没的泰坦尼克号甲板上重排椅子的事儿，这样根本起不到任何改善作用。我们必须实实在在地去摆弄操纵装置才行。从这种意义上来看，很明显，不管你要尝试采取上述企业环境中的哪种改变，都得从很大程度上去转换思路才行。

如上，我整体叙述了基于我们近几年观察的基本思路，接下来我会在第二章到第八章的每一章节对于上述内容进行详细说明。

大前研一

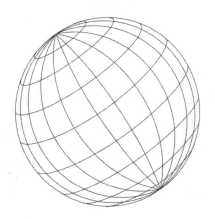

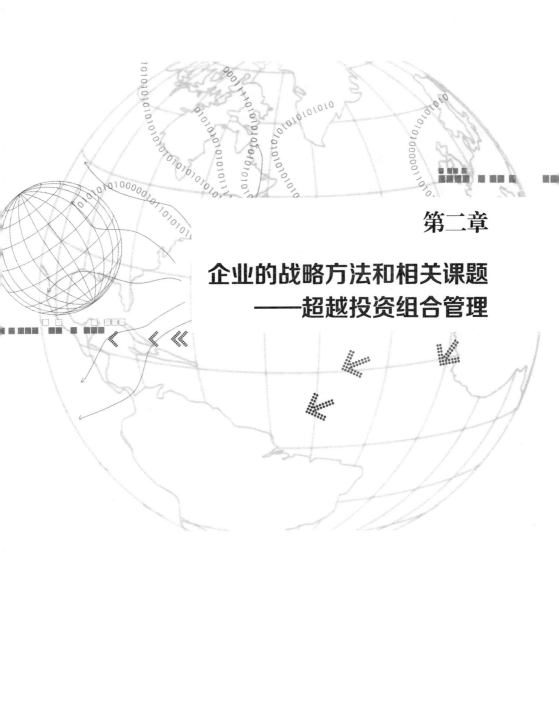

第二章

企业的战略方法和相关课题
——超越投资组合管理

进入 20 世纪 80 年代后，世界渐渐显现出要发生巨变的征兆，通常的方法已经行不通了。此外，这一征兆所带来的影响渐渐显现在企业活动中的各个方面。在这种状况下，企业战略的含义和方法也就不得不有所改变。迄今为止，产品的投资组合管理（PPM①）作为企业战略的方法论逐渐占据了非常重要的地位，本章我们将尝试讨论与之相关的各种问题。

---

① 全称为 Product Portfolio Management。——译者注

一、四项课题

回顾企业战略迄今为止走过的漫漫长路，我们发现，日本经济的快速增长期是这样一个时代：其前提是所有的事业都在尽全力成长，并且企业还想尽可能投入事业发展所需的资源。

然而一旦进入低增长期，各项事业之间成长能力、收益能力的差就变得越来越明显了。因此，要先衡量一下自己公司的实力和自己公司在市场上有多大魅力，然后把所有的产品事业都定位到投资组合上，然后根据情况来分配战略性任务，把完成任务所必需的资源分配给各个部门，用这种形式来试图在整个公司内实现管理资源的最优分配。

日本有很多企业采用了以上方法，然而，其中也不乏止于纸上谈兵的企业。从某个角度上讲，可以说切实施行了这个方法的企业都取得了颇为丰硕的成果。而近年来，人们渐渐深刻认识到，有一些课题光靠这种资源分配手法是无法解决的（图2-1）。

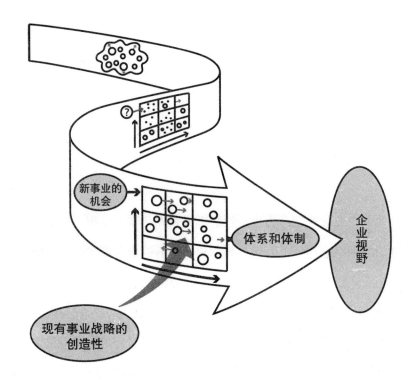

图 2-1　投资组合管理面临的课题

投资组合的基本思路就是给现有的事业一个任务，针对这个任务来分配资源。这里出现的第一个问题就是如何处理未知的事业领域。对于新事业，我们很难用相同的尺度来衡量它。就算我们在手法上费了许多工夫，想让新事业跟其他事业站在"同一片赛场"上，用的这些也不一定就是万全之策。

就算是那些现有事业，在多数情况下，其事业环境都非常严峻，轻描淡写是改善不了状况的。现在越来越需要我们具备耐心和执着。此外，跟竞争对手干一样的事儿，是不会带来收益的。像事业战略中的创造性，以及谁来负责这项事业等人为要素正在逐渐成为重要的转折点。今后用什么方法来反映这一点，就是我们的第二项课题。

而且，一方面我们要投入新事业，另一方面我们还要强化现有事业。这样一来，我们就要考虑该如何保持两者间的平衡，能让整个企业心甘情愿承担下多少风险。为了明确这些问题，我们必须要有一个企业视野或是方向，例如这家公司在 5 年后、10 年后会变成什么样。今后如何创造出这种视野、这种方向则是我们的第三项课题。

第四项课题是关于管理体系和组织运营体系的问题。我见过很多公司，嘴上说着要搞新产品，但在设立新事业，引进新产品时，却需要先经过一连串繁杂的检查和批准。此外，还有些企业都已经决定了要从长期视角出发去推进某个项目，却把该项目的业绩跟其他事业一视同仁，每半年就围绕销售额和损益来一次考核。也就是说，我们的第四项课题就是确认企业有没有根据整个公司的目标方向，让那些应该采取的战略、体系和体制达到一致，以及如果在制度上遇到了瓶颈，该怎样消除？

　　许多企业正面临着这种超越个别事业、涉及整个公司的课题。该怎么找到针对这些课题的突破口呢？

二、今后的事业环境

在社会成熟和通货膨胀恒定的条件下，新一轮的结构变化正在逐渐来临。也就是说今后的事业环境会是一幅明暗交织的图画——是明是暗全凭个人看法，状况越来越难以把握。

市场的成熟和成本推动型通货膨胀

例如，我们对平均每千户家庭的耐用消费品的购买数量做了调查，发现几乎所有家庭都已经过了购买的高峰期（图 2-2）。彩色电视的高峰是在 1971 年，汽车也在 1972 年、1973 年达到了购买高峰。

而且，通货膨胀还在照常进行着，我们分别对比了各个产业在广义上的附加价值的明细（从售价里减去原材料费用），发现一直以来利润都呈现惊人的收缩趋势（图 2-3）。也就是说，除去矿业，对所

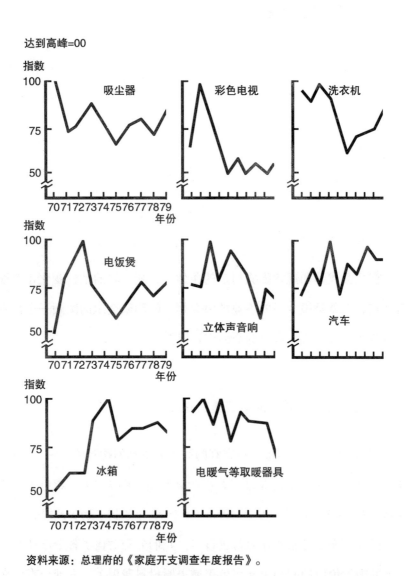

达到高峰=00

指数

吸尘器　彩色电视　洗衣机

电饭煲　立体声音响　汽车

冰箱　电暖气等取暖器具

年份

资料来源：总理府的《家庭开支调查年度报告》。

图2-2　耐用消费品购买动向（平均每1000户家庭的购买数量）

有产业而言，劳务费所占去的附加价值的比例一直在不断上升。然而自 20 世纪 70 年代以来，很多企业应该都在积极推进减量经营和裁员措施。这个结果一眼看上去令人感到很意外。但是事实上，劳务费固有的通货膨胀大幅度减少了企业的收益，结果就导致绝大部分产业都在逐渐失去收益能力。可想而知，这种因成本推动而产生的通货膨胀今后也会继续持续下去。

"代替的威胁"

技术革新也渐渐影响到了企业管理（图 2-4）。比方说，微电子学的发展已经影响到了众多产业，然而从现在起到 20 世纪 90 年代，生物技术多半会给各种产业带来巨大的冲击。

另外，为了解决石油资源的枯竭问题，已经有很多资金被投入到了开发代替能源的工作之中。而且现在还有很多人在积极开发一类叫作"新材料"的材料来支撑这些新技术。

如上所述，技术革新的方向开始变得越来越清晰，威胁到众多企业现有事业的"代替的威胁"也成了现实。我们已知半导体集成电路技术实现了收银机的电子化，做出了石英手表。可想而知，今后 8 毫米录像带会被小型磁带录像机所取代。当今的化学产业也可能随着生物技术的进步而改变工序。汽车产业也为了追求轻量化而把金属陆续换成工程塑料。也就是说，技术革新这场地震正猛烈撼动着今天的产业基础。

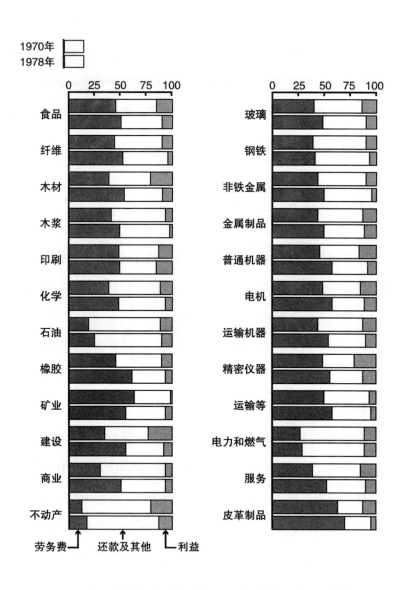

图 2-3　各产业附加价值明细走向

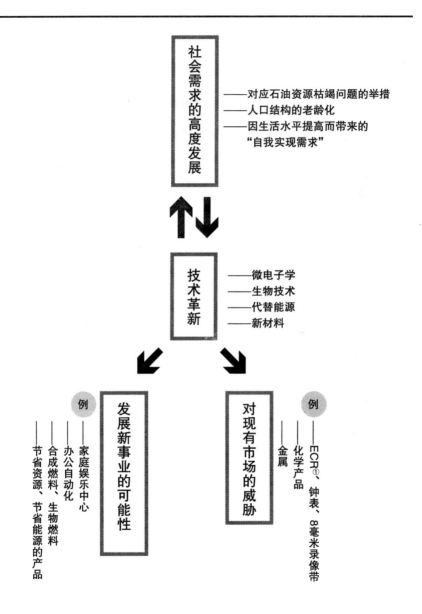

社会需求的高度发展
——对应石油资源枯竭问题的举措
——人口结构的老龄化
——因生活水平提高而带来的
"自我实现需求"

技术革新
——微电子学
——生物技术
——代替能源
——新材料

例
发展新事业的可能性
——家庭娱乐中心
——办公自动化
——合成燃料、生物燃料
——节省资源、节省能源的产品

对现有市场的威胁
例
——ECR①、钟表、8毫米录像带
——化学产品
——金属

注：Electronic Cash Register 的首字母，即电子现金出纳机。

图 2-4 技术革新的影响

社会需求的高度发展与技术革新的相互作用

一方面，社会需求正在成熟社会的环境中不断高度发展。不用提什么马斯洛理论①，伴随着生活水平的提高，今后自我实现需求会愈加高涨，人口结构的老龄化也在稳步推进。

这种社会需求的高度发展给技术革新带来了影响，而技术革新又影响着社会需求的高度发展，在这两者的相互作用下，就产生了基于技术革新，发掘新型事业机会的可能性。

比如说，不止以往的电视和音响，把 VTR、影碟、家用计算机、数字音频都包括在内的体系——家庭娱乐中心也在渐渐成型。办公方面，人们则把目光从过去的计算机和复印机这种功能单一的机器身上，渐渐转向了集传真机、文字处理机、归档系统于一体的办公自动化（OA）。而那些思想单一、不知变通的公司就会成为转包公司，被时代的洪流抛在身后。

然后，我们还要稳步落实应对石油资源枯竭的措施。如今我们也渐渐能用合成燃料、生物燃料来保证原料的供应了。反过来，因为人们想有效利用资源，所以人们也在积极开发节省资源、节省能源型的新产品。

这种社会需求的高度发展和技术革新所导致的市场结构的变化，

---

① 马斯洛层次需求理论认为人类价值体系存在两类不同的需要：一类是沿生物谱系上升方向逐渐变弱的本能或冲动，称为低级需要和生理需要；一类是随生物进化而逐渐显现的潜能或需要，称为高级需要。——译者注

对疏于应对它的公司来说是一种对现有事业的威胁；而对积极的公司来说，它则增加了公司发展新事业的可能性。今后的社会是明是暗，取决于你怎么看。

三、思路的转换

对上述情况而言，以往的普遍性常识已经渐渐不再通用了。我们的思想需要来一场巨大的转变。我们就从如下三个侧面来详细看看该如何进行转变吧——（1）产品的生命周期管理方式；（2）成长及利润来源的确保；（3）多元化战略的展开。

产品的生命周期管理

凡是产品都会经历从成长到成熟，再到衰退的这么一个生命周期。因此我们要在成长期进行投资，面向成熟期扩大市场份额，在成熟后期"挤奶"（就像挤牛奶那样榨取现金）。这就是社会关于产品生命周期的普遍理论。

拿收音机举例来看的话（图2-5），可想而知，美国企业很忠于生命周期理论。首先，收音机实现了从当初的家用收音机到便携式收音机，再到晶体管收音机的变迁。到了成熟期，这些美国企业就跟上文所说的那样拿出普遍理论，认为在这个阶段最重要的是成本竞争力，为了强化成本竞争力，他们就把生产据点移到了劳务费最便宜的东南亚，同时不再积极开发产品，作为一个整体，不出所料地走向了衰退。

日本企业则经历了四极管收音机、六极管超级收音机的变迁。便携式收音机方面也逐渐普及了晶体管技术，以 AM/FM 广播的形式普及开来。自此以后，日本企业采用了跟美国不同的措施，虽说对家电制造商而言电视更加重要，然而电视需求也出现了饱和，因此现在他们又重新把目光移到了收音机上。

就不能想出什么更新鲜的产品吗？把功能组合到一起怎么样？基于这些想法，收录机诞生了，之后收录机又在此基础上发展出了立体声收录机、小型收录机，更有微型立体声收录机、时尚收音机等。人们尽一切努力想改进收音机，结果事实上也出现了各种各样的新产品，然而这些全都离不开"收音机"的范畴。我们不得不肯定，日本人这种较真的努力精神也是日本产品能在向理论一边倒的美国市场发挥压倒性优势的原因之一。

从产品生命周期的角度出发时，对于"产品"的定义不同，生命周期的含义也会随之发生各种各样的变化。这里的重点在于，虽说是衰退期，也要把产品事业改造成一个没那么容易就被人抛弃的机制（例

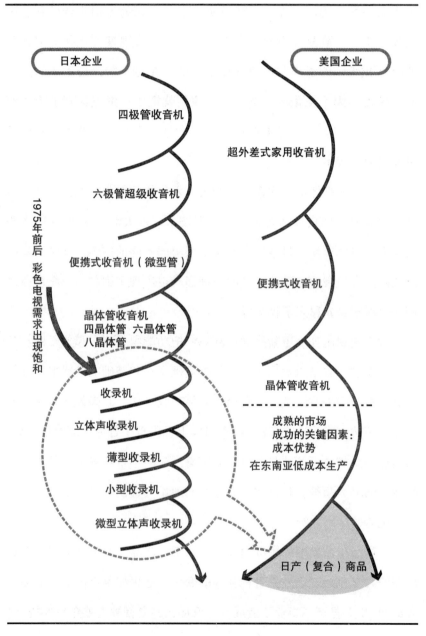

图 2-5　收音机的变迁

如采用严格的小事业部门制度）。与此同时，越到生命周期的后期，越要为延长生命下各种功夫，这样一来负责事业的人选就变得非常重要了。

按照普遍理论来说，人们都会不去投资已达到成熟后期的事业，而是对其进行"挤奶"，因为这项事业是一棵"摇钱树"，所以就想从上面摇下现金来。事实上，这项事业到底能不能摇下钱来呢？答案是很难。尤其对制造工业而言，虽然在成长期的先期投入阶段赚到了钱，但是一旦换到需求会根据市场状况大幅变动的成熟期，那简直就是地狱。很多企业都有过这一段经历（图 2-6）。

比方说，船舶、氯乙烯、肥料、纤维、染色加工等领域虽然的确达到了成熟期，但市场整体陷入了结构性衰退，或是在恶性竞争的环境下达到了成熟期，大家为争一块小馅饼而陷入了价格竞争的泥潭之中。在这种状况下，就算市场份额很高，也肯定不会有什么利益可图。而且在这种状况下还需要通过投资来维持和保卫事业。这样一来，原本被大家视作"摇钱树"的树慢慢也生不出钱来了。那些至今未得到证明，一直以来却被人们信奉为"常识"的通用理论也已经很难通用了。

此外，也有人认为自己的力量太弱了，市场也没有什么成长空间了，竞争对手还多到挤破了头，自己不得不从已经失去魅力的事业中撤退了。实际上，往往是那些能在这种产品事业的条件下坚持竞争，并活到最后的企业会起死回生，获得利益。

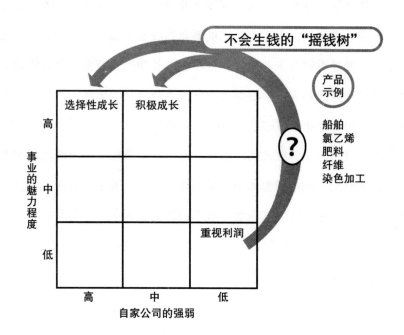

不会生钱的"摇钱树"

产品
示例

船舶
氯乙烯
肥料
纤维
染色加工

?

选择性成长　积极成长

重视利润

事业的魅力程度

高　中　低

高　中　低

自家公司的强弱

图 2-6　在市场状况大幅变动的成熟期，所谓的摇钱树将不再存在

随着彩色电视机代替了黑白电视机，很多显像管制造商也转向了制造彩色显像管。然而到最后都在坚持做黑白显像管的公司现在则悠哉地赚着钱。因为黑白显像管的需求没有完全消失。计算机配套设备中包括 CRT 显示器，其大部分都还在使用黑白显像管。

如果不考虑像煤炭这种极端的不可再生商品，很多产品都会残留一定程度的需求，活到最后的公司就能独占这些需求。在这之前，因为这些产业已经成了衰退产业，所以大家会彻底推进成本改善措施，这样一来就会形成非常好的成本结构。再加上没有新的竞争对手，可以说具备了极为有利的条件。固定式小型发动机，或是外国的水泥、氢氧化钠、油布、人造丝等产业都以这种形式存活了下来。"从衰退产业撤退吧！"这句话虽然有一定的道理，但有时候有句俗话也会应验——"最后的并不一定是最坏的"。

成长和利润来源

迄今为止，人们通常会最先参与成长领域，积极投资以建立起市场地位。然而，如今是低成长时期，成长领域非常有限。因此大家都往为数不多的成长领域里挤，结果就导致市场非常混乱。这样一来大家就需要投入资金来争夺势力范围，很难浮出水面。技术也不稳定，光是要跟上走在前列的集团就得花去相当多的资源。于是事业就渐渐失去了它的魅力（图 2-7）。而且只要市场还在成长阶段，不管过多久都不会有人放手。这样下去大家就在恶性竞争的条件下一起冲进了

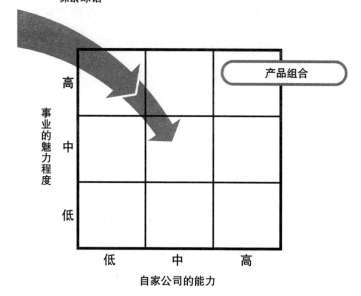

图 2-7　"成长领域"是一片混乱的市场

成熟期，就真的出现了上文中提到的摇不下钱的"摇钱树"。这样的例子屡见不鲜。近年来的传真机、文字处理机，还有之前大家经历过的污染控制设备、保龄球馆等都是典型的例子。

因此，大家不要被普遍理念带跑了，觉得因为是成长领域所以很有魅力，所以我就要加入这个领域。想要战斗到最后，还是得有些谋略的。光是加入的话事情就简单了，但重点是能不能在这个领域中稳步建立起足以产生利益的地位。有太多企业没有这样的计划就迷迷糊糊地被拖进成长领域里了。

也有人会这样想：那我瞄准附加价值高的领域不就好了吗？高附加价值不是直接跟利益挂钩的吗？一般来讲，人们往往会把那些在销售层面或是开发研究层面附加价值高的产品称作"有高附加价值"，这些产品的经常性净利润率确实普遍要高一些。

然而，伴随着附加价值率的升高，利润率最高和最低的公司之间利润率的差距往往就会一下子拉得很开。一般情况下，高附加值直接跟利益挂钩，然而做法不同，优劣的差距也会明显扩大。因此不要只停留在高附加价值上，而是要明确在这类领域该如何把附加价值和自己公司的利益直接挂钩。

减量的时代结束了。很多人都在说今后我们需要开发高附加价值的新产品，开拓新事业。围绕制造业在濒临石油危机的 1973 年到 1979 年这段时期的变化来看，大部分行业的生产量超过了曾经的高峰期。因为实行了减量经营，所以员工的数量基本没有增加。然而，附加价值多数是由"人"来加上去的。说白了，附加价值高，就等于管理和研究开发方面用去了大量人手。想推进高附加价值化，还是得采用比竞争对手更胜一筹的思路。对想要开发新产品的公司来说，研究开发能力尤为重要。然而反观研究开发费用的实质性增长，我们则发现绝大部分都处于持平状态（图2-8）。研究开发费用的大部分是劳务费。因此研究开发费用没有增长，事实上也就说明研究人员没有增多。有些公司的研究人员甚至还减少了。这样就很难推进高附加价值化。近几年的电子化使得企业争先恐后采用电子工程系的学生，研究人员不是一朝一夕就能够练成的。把减量经营上升到研究层面的公司也很多。高附加价值化和新事业是能拿来给这些公司加把劲，不过我认为，目前没有几家公司真正具备能发展高附加值化和新事业的条件。

如果把那些销售增长率和利润率都低于所有行业平均值的小型行业定义成世人口中的低成长行业或萧条行业，那么符合条件的就包括木浆和纸、无机化学、特殊钢、水产、普通钢、水泥、砂糖、棉纺织业等行业。其中尤其砂糖和棉纺织业呈现显著的负增长趋势。

众所周知，就算是在这样的萧条行业里，也存在着利润高于整个行业平均值的优良企业（图2-9）。其中特别有名的要数日清纺，日清纺在棉纺织业整体呈现负增长的情况下，仍然保持着成长率和利润率高于整个行业平均水平的业绩。像这样的企业，至少每个低成长领域就有这么一家。例如神崎造纸、吴羽化学、爱知制钢、日本水产、

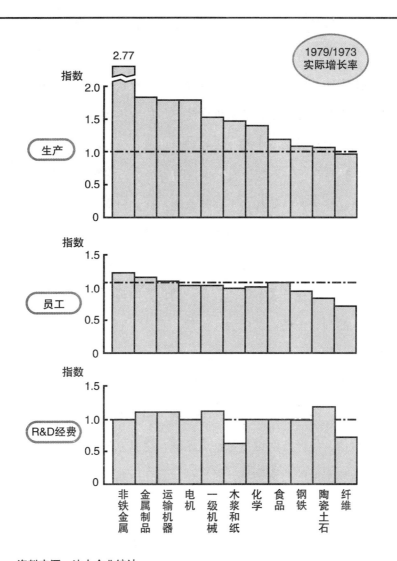

资料来源：法人企业统计。

图 2-8　不同行业的生产、员工数量、R&D[①]经费的变迁

① 科学研究与试验发展（research and development，R&D）。——译者注

丸一钢管、秩父水泥等都是很好的例子。还有日本精糖等企业，也至少在行业倒退的情况下做到了维持现状。

如上所述，就算行业整体呈现萧条或低成长，该行业的所有企业也不一定都是低业绩。企业根据做法还是能取得高业绩的。这些优良企业中的绝大部分基本上都一直在独自以成长为目标，而无关于市场的伸缩。重点在于，不要一直只采取节省经费、均衡收缩的做法。

那么这些企业具体都在干些什么呢？比如日立金属，就一直在追求在企业活动的所有方面（技术、生产、销售、管理）实现彻底的差异化和高效率；在技术方面，彻底推行技术引进政策；在生产方面则尽全力运作那些投资成本低的设备；销售方面则一直保证在其他公司难以进入的细分市场占据压倒性份额。而且，他们还一直在改善基本财务状况。

神崎造纸也是如此。为了尽可能提高附加价值，并把成本降到行业最低水平，他们专攻高级纸和特殊纸，相较于竞争对手获得了更高的附加价值，生产方面也尽量推进还款，物流方面也尽量选择把工厂建在物流成本低的消费领域，而且还一直在压缩原材料的库存，减少运输资金。

如上所述，即便是对现有事业而言，在技术、生产、销售、管理这四个功能面也一定存在一些能形成差异化的点，所以每个优良企业也都在一直追求这些点。有些企业只是追求"幸福的青鸟"，寻求成长，专注于本职工作而不认真进行再投资。对这种企业来说，上文的这些"顽强"的企业应该给他们留下了非常重要的教训。

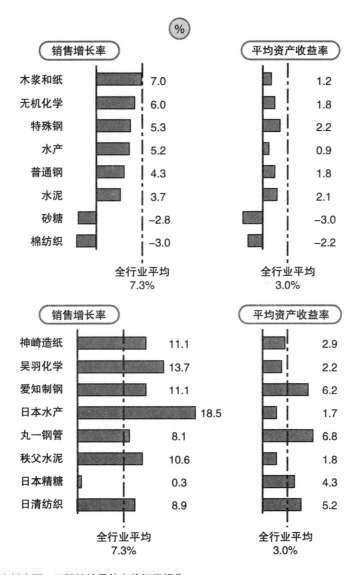

资料来源：日银统计局的有价证券报告。

图 2-9　低成长领域的优良企业示例

多元化战略 [1]

迄今为止，有很多公司即便在低成长环境下也想找到成长机会，所以往往会轻易朝着多元化的方向发展，而不去选择留在现在的事业层面"顽强"地努力。从某个公司的角度来看，确实存在一块需要新产品的新市场，然而从世人的眼光来看，这块市场已经确立了，这种产品要多少有多少。这种情况屡见不鲜（图 2-10）。

那这些企业是否满足进入这类现有市场的充要条件呢？大多数情况下，他们都未必满足。也有企业光是凭着具备制造能力，人才资源丰富就毅然决然地踏入了这类市场。可见他们对针对不同事业应充实的技术，以及经营的充要条件（KFS [2]）认识得还不够深（图 2-11）。

比如，就生产物资而言，有这么一家制造商，其客户数量有限，而且客户还不少。因此，这家制造商极为重要的要务就是具备能够尽量迎合客户需求规格的应用开发技术能力，还要具备能够把这种技术能力扩展到销售前沿的销售工程师。

然而，这类公司因为产品附加价值高，所以总想尽量往下游零售阶段发展，冲进生产物资领域。这里的充要条件已经不再是应用开发技术能力，而是产品的设计能力、从市场分析提取出"无声"的消费者需求的能力，再加上以非特定多数人为对象的销售。也就是说，这

---

① 多元化战略又称多角化经营战略，属于开拓发展型战略，是企业发展多品种或多种经营的长期谋划。——译者注

② Key Factor for Success 的缩写，即成功的关键因素。——译者注

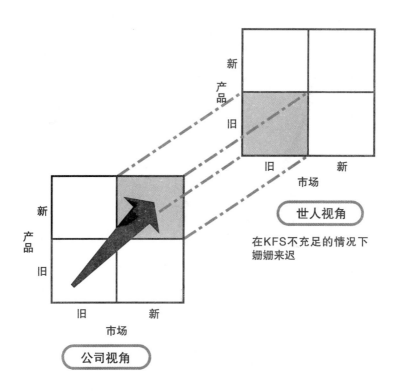

图 2-10 视角不同，对所谓的新旧产品，其认识是不同的

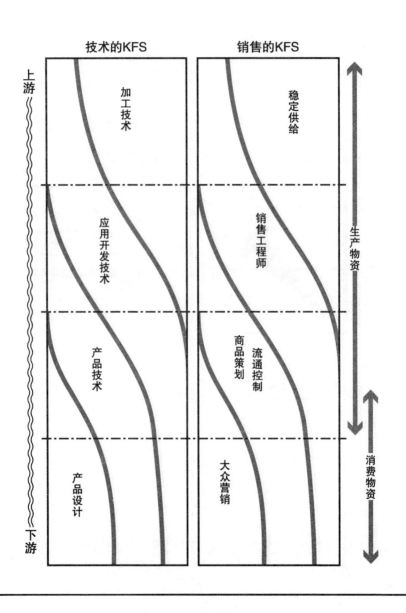

图 2-11　KFS 的变化

类公司以大众营销为主体。因此，如果想从上游制造阶段进入下游零售阶段，就必须充实这些充要条件。这虽然是理所当然的事实，然而却有很多企业不经深思熟虑就直接往市场里冲。从以往大量的多元化失败经历来看，这些企业之所以会失败，大部分原因是他们没能转换思路，认识到"内行对外行来说是一种截然不同的价值观"。

像这样多元化得这么草率，说白了就是因为"别人家的饭比较香"而插一脚的企业想成功都没什么戏。倒不如说，重要的是在自己熟悉的现有领域顽强努力。况且，目前还有能努力的空间。

企业周边的社会环境，特别是社会需求不断在变化，现有事业也一直在受其影响。例如钢铁行业，用在汽车上的高强度薄板适应汽车轻量化的要求实现了迅速成长，但它却是一种以非常先进的退火技术为基础的高附加值产品。同样的情况也发生在纤维、化学、工业机械、精密机械、木浆和纸等众多领域。因此，成长机会或高附加价值化的机会是在充分审视现有事业的基础上，配合社会需求的高度发展而产生的。针对这点，大家需要再好好讨论一下。

然而，行业整体发生了结构上的变化，这种应对方式自然撑不了10年、20年那么久。为此我们还是需要去长期大幅改造事业组合，而此时的大前提就是人才。也就是说，如果真想在企业内部发展其他事业，就需要下很大的决心去改变长年养成的企业风气和价值观。相反地，如果没有改变这些的机制，就很难改变事业组合。

比如说日本电气，1965 年时半数及以上需求都来自政府，也就是

说，主要是面向电电公社①工作。现在这方面的需求减少到了原来的
四分之一，民用需求和出口大幅上升。电电公社方面，则以通信设备
为主体。目前计算机等电子机器，或是 LSI 等电子设备都在急剧成长，
与此同时需求也从政府需求迅速转移到了民用需求。相应地，因为减
量经营，工厂人员大量减少，而本部和分店营业方面的人员则急剧增多。

如上所述，日本电气作为一个整体，把方向从以技术为中心（比
起成本跟价格，更重视满足客户的需求规格）切换到了以销售能力、
产品能力、价格竞争力等因素为卖点。可见正是在小林会长的大力领
导之下，才实现了价值观的巨大转变。

其他大幅改变了事业组合，实现了变身的典型企业还包括住友电
工、鹿岛建设、makita 电机、三菱汽车、吴羽化学等。

以上所说的关于产品生命周期的几个事例，都跟现有教科书中的
事例有着非常大的冲突。我们想说的是，产品的生命周期是一个非常
主观的东西，它取决于你的看法，也就是说，取决于你自己怎么来定
义产品。成长和利润来源也一样，取决于你的做法，而不像以往那样
取决于事业具有的普遍性魅力。此外，有时候积极对自己想做的事业
进行再投资，会意外收获利润和成长。拿多元化来说也是如此，不应
该在充要条件尚不充分时，就进入未知的领域，这种战术是不可取的。
说白了，如果没有作战计划，对进入市场到盈利这段时间没有一定把
握的话，进入新市场也就没有意义。我们需要重新考虑这些问题。

---

① 日本电信电话公社（Nippon Telegraph and Telephone Public Corporation；
NTTPC），简称为"电电公社"。——译者注

四、企业战略的方法

重点是自家公司的强项而不是事业的魅力程度

投资组合管理的思路是这样一种形式：以市场的魅力程度为纵轴，以企业的实力为横轴，在两者形成的矩阵上定位产品和事业，针对产品和事业来分配资源。可以说我们面临的一个现实问题就是，迄今为止，企业往往都会受事业的魅力吸引而去投资。因为事业本身有魅力才去搞这项事业是高度成长期时的做法。然而自石油危机以后，企业在 20 世纪 70 年代做了各种各样的尝试，最后明白了以下道理。

就是说，现在人们对于事业魅力的看法，跟过去在高度成长期时大不一样了。换句话说，原来市场年轻，还有成长空间，现在则转变成了成熟社会，整个社会物资都很充足。原来企业能用引进技术的方式轻易参与到新市场中去，而现在则必须自己开发技术才能进入新市场。而且，进口廉价原料的时代结束了，原料价格整体大幅上涨。过去金融机构还会有多少钱给多少钱，今后将会筛选得越来越严格。

在这种环境下，不能光靠事业的魅力来下决定。必须围绕自己到底有多强的实力来考虑。可以说，今后是好是坏都取决于你自己怎么做（图 2-12）。于是，衡量自己公司的实力就变得越来越重要了。

英语有句话叫"Self Fullfilling Prophecy"，意思是"自我验证预言[①]"。如果乐观看待将来，就相信自己能够达成目标，并为此去拼命付出，这样一来，预言就会成真。相反地，如果悲观地去看待将来，不去拼命付出，不充分分配资源，就会得到意料之中的结果——每况愈下。

就像我们在上一节所说的那样，不应该人云亦云，以事业的魅力程度来决定要不要参与某项事业。其他公司是什么情况，自家公司是怎么看待社会的，怎么样才能搞好这项事业。这些因素都会在很大程度上影响到结果。也就是说，来自外界的普遍理论已经不怎么管用了，必须依赖自主的视角。为此，我们要彻底发挥自家公司累积至今的强项，要围绕其他公司没有的，而且是其他公司看了会羡慕的强项来开展战略。

---

① 又叫"自证预言"，指人会不自觉地按已知的预言来行事，最终令预言发生。——译者注

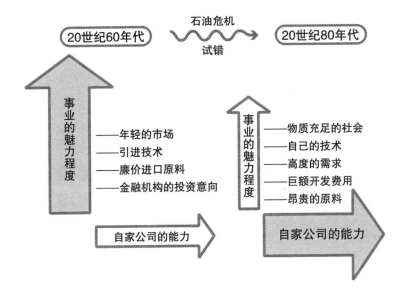

图 2-12　自家公司的能力越来越重要

本部的职责

以上所说的内容，对企业战略来说又有什么意义呢？首先，如果你想要制定出一套应对以上状况的企业战略，那么就不得不关注本部的职责，因为本部的职责再次成了重中之重。就算你想谋求整个公司的成长，今后世人也不会帮你决定方向。我们必须自己明确企业前景，自己来制订一套达成目标的方案。

打造整体面貌

如果你正在考虑今后要着手新事业，或是靠现有事业来发挥创造性，顽强努力的话，就得明确一点——自己想让公司整体变成什么样子，如果不明确这点，也就实现不了资源的最优分配。

迄今为止，有很多企业都在实行自下至上式（bottom-up）的长期计划，也就是各个部门都分别制订计划，然后把整个公司的计划总结到一起，稍微加以修改。例如把奋斗目标加入营业额和利润之中就形成了企业战略。靠这种形式制定不出什么非常有远见的计划。因为光靠堆积各种理论明确不了企业整体到底要发展成什么样的面貌。这一点在图 2-13 中也表现得很明显。因此，我们也不知道那条必须去弥补的裂缝到底在哪里。

不过，一旦我们弄清了想让公司在 5 年、10 年以后发展成什么样子，也就明确了存在于公司的整体面貌和各项事业对策之间的差距。

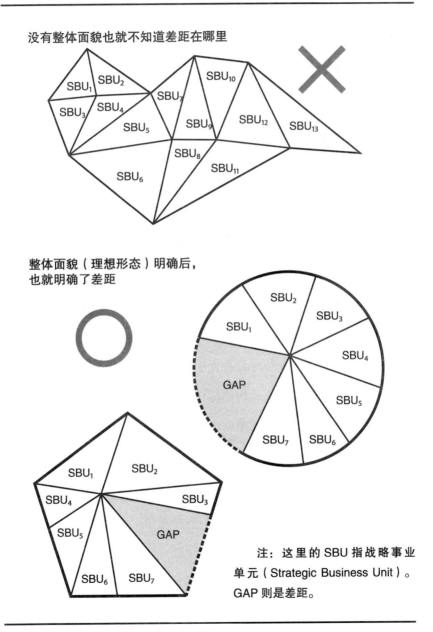

没有整体面貌也就不知道差距在哪里

整体面貌（理想形态）明确后，
也就明确了差距

注：这里的 SBU 指战略事业
单元（Strategic Business Unit）。
GAP 则是差距。

图 2-13　只靠理论明确不了企业会发展成什么样

同时，我们也就看清了该怎么去弥补差距。对今后的社会而言，打造整体面貌是非常重要的一件事，高层管理者和参谋团队必须要在这一点上起到非常大的作用。

制订弥补差距的方案

一旦明确了公司未来的整体面貌和现况之间的差距，下面就该制订方案去弥补这层差距了。我们肯定得采取分别强化现有事业的战略，但同时为了弥补差距，我们也必须发展新事业。这时候的重点就在于，我们要明确以什么样的形式开展事业，要投入多少经营资源，或者是能投入多少经营资源。有非常多的企业只是沿用以往拥有的资源来涉足新领域，因此无法取得成功，尤其是无法组建人才（包含技能）的组合。

比方说，很多产业领域都在发生着电子化。然而很多情况下，就算人力资源数量够了，公司内部却选不出能推进电子化的人才，不从外部引进人才，就没办法实施原本的战略。现在机械和零件的制造商已经开始自制半导体了，他们从电器制造商那里挖去了半导体制造专家。而商用机器制造商也加入了物色人才大战，这会使今后技术人员的横向移动越来越活跃。

"机制"的整备

接下来，为了尝试新的企业战略，整备"机制"（包括体系和体制等）也是本公司参谋团队必须完成的一项重要的工作。此外，就算把会影响到整个公司所有事业的课题（此处指针对事业这条竖线的"横向"课题，例如电子化、机器人化、开发研究能力的强化、国际化等）拿了出来，并针对这些课题制订了对策方案，也得以本部部门为中心集中来采取措施，不然效率会很低。因为在大多数情况下，个别事业无法单独有效应对事业环境的巨大结构变化。近来人们碰到这种情况，通常都会采用横跨整个企业的"战略部门"方针。这种"战略部门"方针就是把以往设立特别小组的做法在战略意义上，在整个企业层面提升了一个层次。

事业部门的职责

针对本部人员这种定性的、事业素质强化的职责，事业部门就该有更具体的数量上的目标，负责彻底追求自家公司的优势，在现有领域的竞争中赢下去。此外，事业部门要尽其所能去对付因市场结构变化而引起的代替品的威胁。另外那些被分配了某些事业的部门，有义务借助有效的手段和说服力来把问题传达给高层管理者，督促高层管理者采取全面性措施（前提是问题已经大到超出事业部门的能力范围）。经过上述过程后，再开展新事业时，就必须在新事业和旧事业之间取得平衡以有效利用过去在现有领域中养成的能力，同时交出经营资源。

我们必须把针对上述情况的意识改革作为一种打破了事业部门制

度的传统封闭性的新价值观，使其在公司内扎根。一切事业都在成长延伸，现有事业也建立在这种潜规则的基础上，而我们无法永远保证现有事业的范畴，无法永远保证它的存在。

如果能用上述形式来把握新的事态，那么也就能把本部和事业部门的职责分得很清楚了（图 2-14）。事业部门的职责最多也就是在现有基础上再增加一点战略性，提高一下办事效率。问题是本部这边的职责。本部要负责明确整个公司应该是什么样子，找出公司未来的整体面貌，弥补整体面貌和延续现状之间的差距。打个比方，假设我们想解决研究开发层面的一个效率上的问题，如果不决定整个公司的方向，即使我们投入了物力财力，并拿到了相应的专利，从战略角度上讲也是没用的，完全就是在浪费资源。

企业战略是功能总和的结果

企业战略换句话说就是一种用来朝理想姿态前进的方案。然而，纸上谈兵是没有用的。

在上一章中，我们简单提过把组织活性化的模型——"7 个 S"。企业目的说白了就是企业的价值观，围绕公司（特别是高层管理者）的决策方法形成的一种独特风格，人员（这里指的是人才类型以及能力），还有这些人才至今积累的技能，包含业绩评价在内的该公司的体系体制，以及整体组织体系。只有把这些要素综合起来以后，企业战略才会成立（图 2-15）。

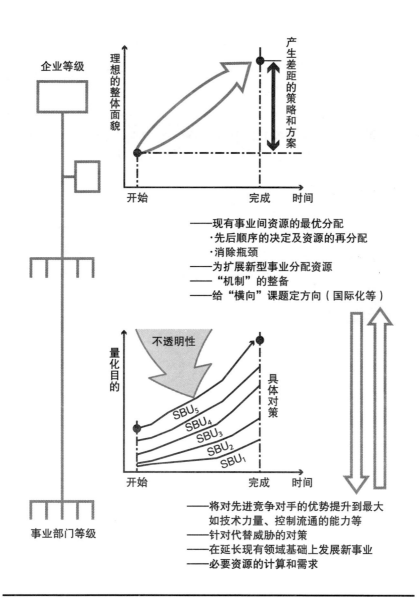

图 2-14　企业（本部）和事业部门的职责分担

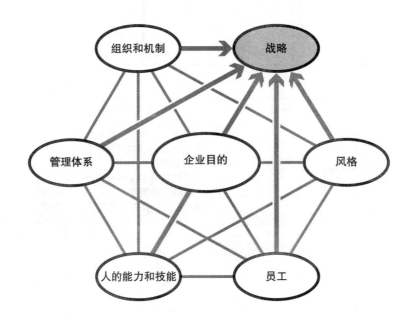

图 2-15 麦肯锡 7 个 S 结构

因此，在考虑企业战略的时候，要深思熟虑，仔细考量这些要素，如果某个要素会妨碍战略达成，就需要去除或改善这个要素。

在这些要素中，企业价值观会成为规范企业行动的一根支柱（图2-16）。例如"IBM 就是服务"这句标语决定了整个 IBM 公司的价值观。据说 IBM 在全世界进行的每一项活动都传达了这种精神。有句话叫"不变和流行①"，然而客户服务不管在哪个时代、哪个地方都不会变，是一个普遍的真理。如果 IBM 公司是在这种价值观的基础上来行动的话，那么这种价值观肯定就是令 IBM 强大的根源。

就拿美国著名的化学公司陶氏化学来说，50 年前创始人陶·休伯特创立了该公司。自此以后陶氏化学一直在坚持追求"最低廉的原料、最低的成本、最精确的生产工序"。因为要保证最低廉的原料，所以陶氏化学一直在发展上游的基础原料事业。此外，为了达成业界最低成本，陶氏化学向来奉行一个行动方针：绝不跟别人做一样的事。这是化学工业这 50 年一路发展过来都不曾改变的一个普遍真理，这个普遍真理道出了化学这种事业的本质。而陶氏化学则将这条普遍真理置于公司发展的核心位置。

① 不忘记不变的本质事物，同时接受新变化。此外也指在追求新事物中不断变化的流行才是不变的本质。——译者注

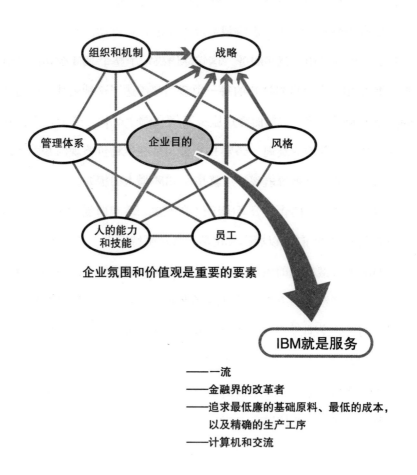

企业氛围和价值观是重要的要素

IBM就是服务

——一流
——金融界的改革者
——追求最低廉的基础原料、最低的成本，
　以及精确的生产工序
——计算机和交流

图 2-16　企业价值观是规范企业行动的一根支柱

日立的"野武士精神"^①讲究的也是独立自主，重视在野的心境。最近日本电气有个口号叫"计算机和交流（C&C）"，这也可以说是一种支配企业战略方向的价值观。

由此可见，企业的价值观会给企业战略带来巨大的影响。如上所述，价值观会对事业组合的变革起到巨大的作用，并且，没有价值观的转换也就没办法改变事业。

以往我们往往会把经营资源理解成一种抽象的东西。例如说到人，就是以特定诀窍和技能等形式来表达人才数量和质量的一种具体的企业储备。因此，经营资源是有限的。关键就是怎样才能有效分配并使用这些经营资源来实现特定战略。

综合上述情况来看：

第一，今后对自主性主要原因的理解和实施能力的差距会影响到企业的好坏，因此本部部门的责任比以往要更重一些。然而，扩充本部部门数量则会招来相反的效果，我们需要征集精英（哪怕人数很少）。让这些人来辅佐高层管理者，打造企业视野，针对事业部门和功能部门发挥领导能力——这才是帮助我们从混沌中脱身的手段。

第二，为了实施以上方案，我们必须打造一套有效的"机制"，也就是一套新的组织运营体制。

第三，总部功能分配的资源不是抽象的"人、财、物"。我们需要把这些资源想成"拥有实施战略所需技能的人才 × 投入时间"。

① 不侍奉特定君主的武士集团，主要在山林中生活，靠狩猎和耕作过着自给自足的日子。——译者注

　　本来突然进入了成熟社会阶段，就必须达成艰难的蜕变。而外贸和技术层面又产生了巨大的变化。如果你认为把现有事业的既定路线集合到一起就能得出答案，那就大错特错了。在此我想奉劝各位根据企业中枢重新构建战略，根据战略来适当筹集并分配资源。

衡山祯德

五、欧洲企业的成长战略

难以采取强势战略的欧洲企业

欧洲企业如今面对的问题，不是成长本身，即"应该如何成长"，而是"如何生存下去"，也就是为了生存而要迫切制定哪些方针。相较于日本企业，欧洲企业不得不采用乍一看比较消极的思考方式，其消极思考方式的背景可以举出以下三点。

第一，欧洲企业在说明日本情况时，总是会用到一个说法，即"资源和原料匮乏的国家"。除去岛国这点，欧洲也跟我们一样。在这一点上欧洲和日本有着同样的问题，怀有同样的不安因素。

第二，应该担心的主要原因就是欧洲的政治形势跟日本不一样，有着不安定的地方。这点对欧洲企业来说，则使问题更加复杂化了。打个比方，北爱尔兰的 IRA，意大利、联邦德国的极左恐怖分子，德国、法国存在政权更替的可能。这些因素使得欧洲企业难以预测政策，难以保证投资的长期稳定性。

以世人称为"奇迹复兴"的联邦德国经济为代表，欧洲企业在欧洲各国的经济发展中逐渐对解决问题有了自信。然而这份自信却因近几年的局势变化而变得摇摆不定。随之而来的还有未来展望的逐渐褪色。

第三，来自劳动者和工会的制约力量增强。欧洲各国把劳动者的经营管理参与权定为一项法定义务。企业做出决策也越来越需要经过劳动者的批准。欧洲和日本的一大差异在于，日本把工会发言权定位在长年雇佣关系间培养出来的一种合作关系之中；而欧洲则把工会发言权当成企业外部单方面强加的制度，来参加经营管理的是一帮利害完全不同的人。

两个关键词

在这样的环境背景下，欧洲企业很难像日本一样采取强势的成长战略。其行动原理可以总结成以下两点。第一个关键词是"艰难的选择（Selectivity）"。具体包括：要把企业活动领域放在哪些产业？此外，是要从这些产业里选择原来的行业，还是要进而在行业中选择构成该行业的某种事业活动和功能呢？欧洲企业要针对这些来进行非常艰难的筛选。

第二个关键词是"事业维持的可能性（Sustainability）"。欧洲企业在发掘新的事业机会，涉足新的产业领域时，最关心的是能不能把该领域的关键，即优势和资源十年、二十年长期维持下去。不落实这一点，它们就不会涉足新领域。

这两个关键词作为欧洲企业的经营态度和行动原理发挥着作用。一个典型的例子就是欧洲的化学产业。（因为我本身也在欧洲当过顾问，再加上我事业的大本营在瑞士，瑞士拥有世界级竞争力的化学企业，所以我觉得举这个例子比较合适。）

过去十多年，欧洲企业的成长特征可以总结为通过回归原材料来成长，即通过上方垂直整合来成长。然而，人们渐渐明白，通过这种方法实现的成长"不能"一直维持下去。理由很简单，欧洲化学产业跟日本一样，都是依附于原材料的石油化学（也就是化工轻油①）。另外，欧洲化学产业的主要竞争对手——美国的化学产业一直以来都是以价格低廉的天然气为基础。原材料的差异导致两者采用了完全不同的生产工序，进而导致了成本竞争力的差距。

因此，欧洲化学产业就要选择在基础化学领域进行收缩，或是靠企业集团化来追求规模经济。另外，则要试图在很可能长期维持收益，具有高价格、高附加价值，且需要高度生产技术的精细化工领域积极发展和扩大份额。也就是说，要同时"有选择性"地长期扩大"能维持"的领域，缩小对竞争不利的领域。

---

① 又叫石油脑。——译者注。

三个课题

我认为，欧洲企业要想在那些对企业来说有魅力的高附加价值领域实现成长，就必须挑战并克服三个课题。解决这三个课题的途径对日本企业来说，也是追求成长的有效方案。

三个课题中的第一个课题就是要加深对市场的理解。"市场营销"这个词一直以来都被人们理解成一种研究如何卖出已存在产品的"创造性的销售方法"。而现在我们需要重新定义，把这个概念定义成分析市场，"创造性地理解并掌握顾客需求的方法"。我们需要通过这道工序来决定研究开发的目标，设计创造出真正比竞争产品更好、更优秀的产品，也就是说，我们必须把思维转换到增加产品本身竞争力的方向上来。

第二个课题是要采取重视附加价值的思路，而不是仅仅把数量当成衡量成长的尺度。因为附加价值与数量的乘积表明了创造雇佣的机会大小以及提升投资回报率的机会大小，所以从这一点上来说，也能表明这个课题。

第三个课题是积极讨论研究公司外部的诀窍，积极引进人力物力资源，而不是只把眼光放在公司内部。对企业而言，着手新的未知领域，灵活运用公司外部资源可能会是一件不习惯、不愉快的事。然而我可以断言，如果不积极对外部采取这些举措，那么就不可能在新领域成长。

说到日本企业应该从上述欧洲状况中学习到的教训，我想再跟各

位强调并建议一下，不要不分青红皂白就去选择走向成长，而是要基
于两个关键词，即"有选择性地"追求成长，充分考虑"长期维持事
业的可能性"来有效筛选事业机会。

麦肯锡瑞士分公司总经理　昆西·汉西卡

昆西·汉西卡

耶鲁大学工程学院毕业，哈佛大学商学院 MBA 硕士。离开联合碳
化物公司后进入麦肯锡公司纽约事务所。此后工作涉及多个产业领域，
包括产品及市场战略、收益性的改善、组织问题、企业合并程序等，
在多个国家间从事商业活动。担任瑞士分公司总经理后，从 1974 年
到 1977 年又作为东京分公司总经理活跃在商界。目前仍然担任瑞士
分公司总经理，同时身兼本公司发展委员会委员长的要职。

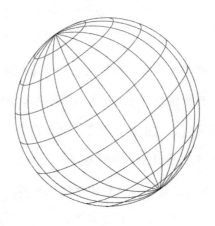

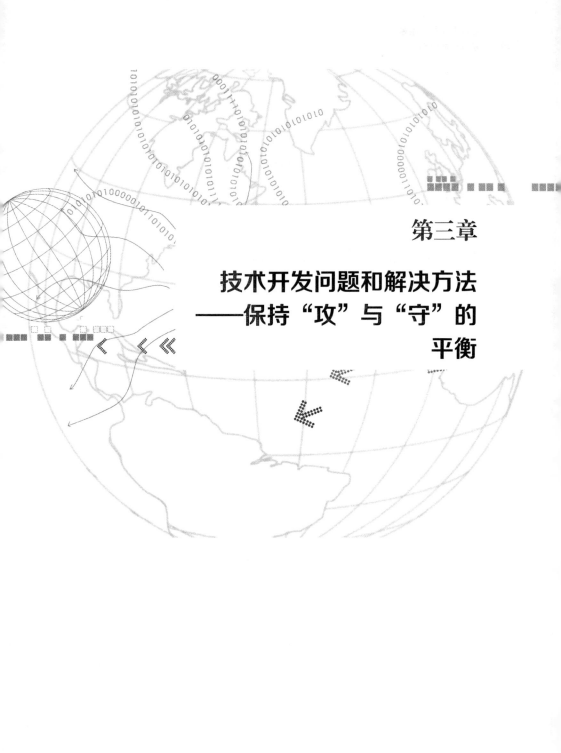

第三章

技术开发问题和解决方法
——保持"攻"与"守"的平衡

本章将按照以下顺序来解说技术开发问题和解决方法。

1. 20 世纪 80 年代的技术开发环境。

2. 新环境下要研究的课题→事例研究→牧濑产业。

3. 新时代背景下解决问题的方向。

一、20世纪80年代的技术开发环境

　　置身于众多错综混乱的问题之中，20世纪80年代的技术开发环境越来越复杂严峻。企业的高层管理者日夜都在烦恼该通过何种手段来实现企业的成长，然而最近，各家企业的高管人员们终于渐渐在方向上达成了一致。在各种能想到的成长手段中，他们选择围绕技术开发来实现企业成长（图3-1）。

　　在环境因素恶化的条件下（以低成长为代表），高层管理者在一些问题上陷入了困境。例如，到底要把重点放在哪个领域，要如何分配自家公司的资源投入量，要怎样安排整体的日程，要如何回避风险等。能从这一困境中脱身，通过差异化及最低交付成本（LowestDeliveredCost，LDC）来实现竞争力的人才是赢家，因此各家企业才围绕技术开发探索了突破口。也就是说，企业必须找到方法来解决以下种种问题：如何应对在各领域发生的结构变化、如何制定策

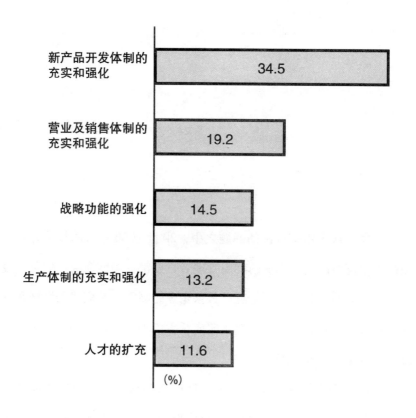

资料来源：工厂管理第26卷第1号（1980）；
面向82家上市公司高层管理者的问卷。

图 3-1　经营者脑海中促进企业成长的因素

略来稳定现有事业基础、如何渗透国际化、如何针对创新指向型长期研究来确立基本对策等（图 3-2）。本章的目的就在于，根据麦肯锡公司的经验来逐步探究针对这些问题的解决方法。

事实上，技术开发极少会如想象中那样顺利。如果技术开发能像想象中那样进行，那么企业就能把允许投入的最大限度的资源投入对成长来说最关键的目标领域，以最短时间获得最大成效，最后确立差异化和成本竞争力。然而这里往往存在一个容易坑人的陷阱。

例如，就战略角度来看，存在下面这样的问题：优先事业领域不明确，高层管理者不一定理解技术开发方面的种种问题，投入的研究人员和技术人员在技术上独断专行而导致方向错误。就实施机制方面来说，研究资源在数量上和质量上都受限，研究题目众多，资源投入没有针对性，整体工序针对意外情况时灵活性差，这样一来，实施机制就只剩下了个空壳。因此在效率层面来说，实用化成效低，不管是研究开发的利润，还是对收益的贡献度都非常低，开发容易陷入冗长拖沓的状态。

这种扭曲的技术开发体制不仅不能实现差异化，而且还衍生出了山寨产品和山寨技术，非但不能帮助企业获得成本竞争力，事实上，还让非常多的企业陷入了成本上升的困境。

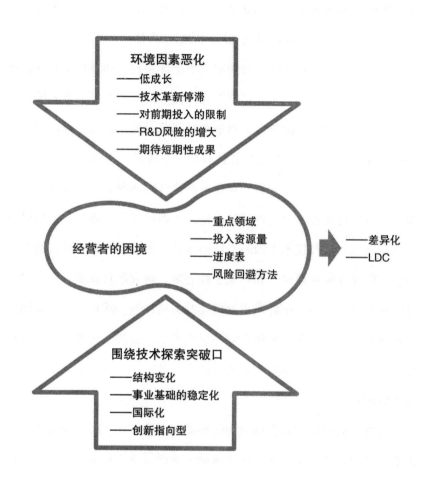

图 3-2　企业经营者困境的形成因素

二、新环境下要讨论的课题

那么，要想实现理想的技术开发，必须解决怎样的课题呢？新环境常常会抛给我们一些新的研究课题，在20世纪80年代，环境则围绕各种领域的根本性技术革新为中心，抛给了我们一些范围广泛的新课题。

所有领域都渐渐出现了一些会给现有事业形态带来巨大影响的变化。例如每天报纸上热议的代替能源的问题、电子革命的问题、生物化学的问题，或是化学工业领域的C1化学问题等。比方说，生物化学领域会给食品和医药品带去相当大的影响，化学工业也可能会因为从单纯的化工工艺转向了融合了生物化学的工艺而产生巨大的形态变化。

在此，我试着把麦肯锡公司顾问活动中这类课题的典型案例总结成了一家叫作牧濑企业的虚构企业，来突出针对这类课题的应对措施。

事例研究：牧濑企业

a. 背景

牧濑企业是一家大型电机制造商，除了我们接下来要提到的温度事业总部，该企业还包括其他几个事业总部。温度事业总部包含 3 个事业部门，分别是以冰箱和空调等压缩机为中心的两个事业部门，以及给这两个事业部门提供控制机器的控制机器事业部。事业总部的整体营业额大概有 700 亿日元，冰箱事业部占 320 亿日元，空调事业部占 280 亿日元，控制机器事业部占 100 亿日元（图 3-3）。

温度事业总部的部长走在时代前沿，为了稳定事业基础，促进部门日后发展，他已经采取了很多项措施。例如在主要事业（空调和冰箱）方面针对不同市场组成营业组织，同时强化渠道。此外，配合家电行业的电子化浪潮持续吸收有电子工学背景的人才，去年还给这些人才在关东工厂（面向冰箱和空调）设置了产品策划室。而且，为了能迅速应对环境变化，他还新设立了一个用来提供参谋功能的策划部。

b. 策划部的任务

三个事业部门中的控制机器事业部是由收购来的一家关西企业（优秀的转包制造商）构成的，营业额本身很少，但从历史角度来说收益性非常高，公司一直将其作为优秀事业来培养。

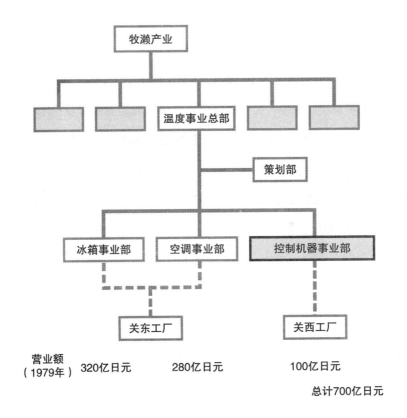

图 3-3　牧濑企业温度事业部 1979 年营业情况

温度事业总部部长命令新任策划部部长针对以下事项进行研究：该优秀事业今后是否还能维持高成长和高收益，如果不能，则要弄清楚问题出在哪里，必须采取怎样的措施。

c. 状况分析

策划部部长迅速分析了状况，得出了如下结论。

● 从收益层面来说，控制机器事业有可能成为温度事业总部的中枢

温度事业总部的三项事业中，控制机器事业的成长率最高，可以预期今后会有将近 10% 的成长率。因此，如果状况没有太大变动，目前的市场份额也能够得到维持，那么 5 年后，尽管就营业额而言，控制机器事业还占整体的约五分之一，但从收益方面来说，控制机器事业的利润率很高，可能会占到全体的三分之一（图 3-4）。

● 成长模式出现了变化

控制机器过去五年来的成长都是靠最终产品的高成长率所支撑。就实际情况而言，空调是 15%，冰箱是 9.1%，因为使用控制机器的产品拥有非常高的成长率，所以也就带动了控制机器的营业额（图 3-5）。然而可想而知，成长因素会根据今后市场本身是否以之前的势头持续发展而变化。也就是说，控制机器包括电气式 ① 和电子两种，今后电气领域不会再有多少成长空间，控制机器的高成长率要靠电子化的发展来支撑（图 3-6）。

———————————

① 指通电来运作的比较低端的设备。没有电子设备先进。——译者注

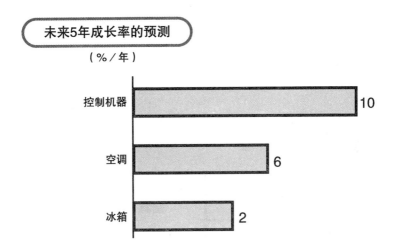

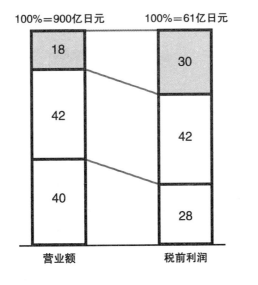

图 3-4　牧濑企业赢利状况分析

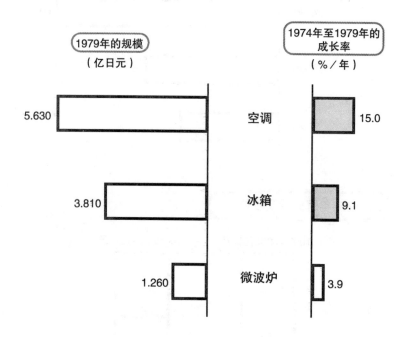

图 3-5　控制机器市场（按不同用途分类）

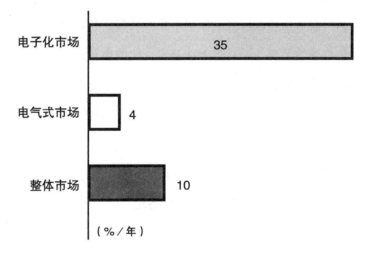

图 3-6　控制机器平均增长率（1979 年至 1984 年）

● 电子化不止停留在新领域，也波及了当今的电气领域

从转包企业时代起，牧濑产业的产品结构就在以电气式恒温器为主体的领域占据压倒性优势。控制机器事业部 100 亿日元的营业额中有 94% 都来源于这种以恒温器为主体的自动控制器。然而，电子化有可能在自动控制器领域急速发展。预计 5 年后，电气式只能满足不到四分之一的市场。

控制机器包括现在已经全面电子化的装置，今后会位于电子化发展的迁移市场的装置，最后也无法被电子化的电气式或原封不动保留下来的机械式装置。如图 3-7 所示，目前电子化市场虽然只占整体的12%，但在 5 年后会有 30% 的市场电子化，而且整体市场的 25% 也会进一步成为电子化发展的迁移市场。也就是说，根据情况来看，牧濑产业的强项——自动控制器领域有可能在 5 年后进一步电子化。

● 不适应电子化就无法发挥以往的强项

在这种状况下，假设前提条件比较乐观，在 1979 年的市场条件下，即使牧濑产业的细分市场份额能够维持到 5 年以后（顺带一提，1979年牧濑产业就在迁移市场占据了高达 50% 的压倒性份额），最后整体份额也会因市场结构本身的变化而从 23.8% 减少到 18.3%（图 3-8）。

也就是说，以上情况暗示了，如果今后牧濑产业想要发挥自身在电子化迅速发展的自动控制器领域的优势，就必须尽早采取措施适应电子化。

● 没赶上电子化浪潮所带来的恶劣影响不止会停留在控制机器层面上

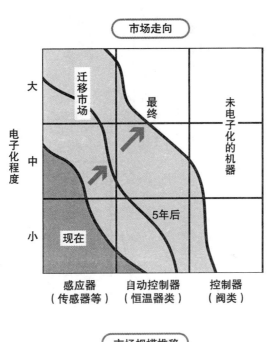

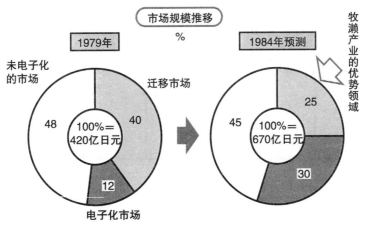

图 3-7　控制机器市场走向与规模推移

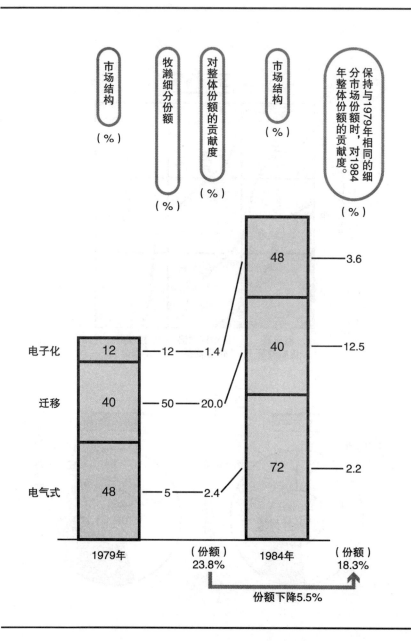

图 3-8　企业市场份额的变化

可想而知，如果控制机器本身没赶上电子化，那么将会带给温度事业总部的核心事业——空调巨大的影响。因为今后控制机器的分用途电子化进展最快的领域也将是空调领域（图 3-9）。

d. 对电子化现状的应对程度

接下来，策划部部长研究完牧濑产业对电子化的应对程度后，得出了结论：如果维持现状，就无法应对状况变化，最后会在电子化进程上落后于他人。

● 开发控制机器缺少电子工程师

首先是人才方面。目前产品结构的 84% 都是不久后将被电子化的机器，我们需要在该领域促进开发，加速电子化。

然而就控制机器的开发部门的人员结构而言，电气和机械背景占压倒性多数，整个部门 22 个开发人员中仅仅 3 人有电子工学背景，人才结构与目标开发方向不匹配（图 3-10）。

● 没法给开发分配必要的时间

而且，在研究了开发部需要在开发事业上花去多少时间后，策划部部长发现，开发部把占整体 60% 的时间都花在了跟原本的开发工作没什么关系的日常事业上，也就是那些用于维持现有事业的工作，像是处理电气式控制机器的投诉，应顾客要求进行试制测试等。因此也就明确了一点：原本的开发工作和连带的特别项目只用去了整体 25% 的时间（图 3-11）。

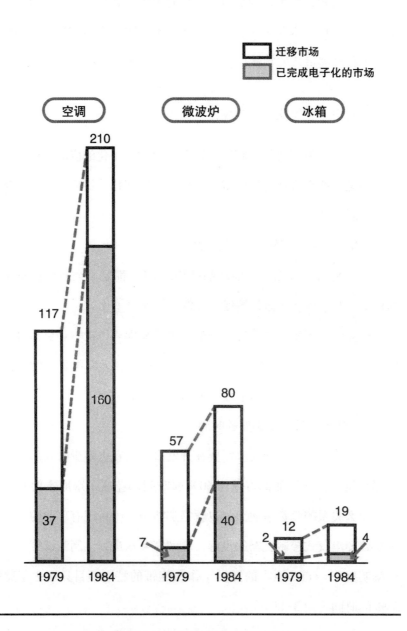

图 3-9　根据用途分类的电子化程度（亿日元）

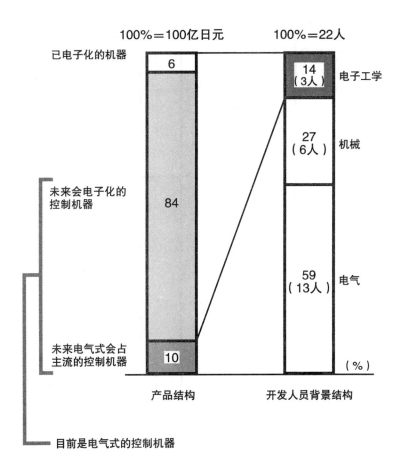

图 3-10　产品结构与开发人员不匹配

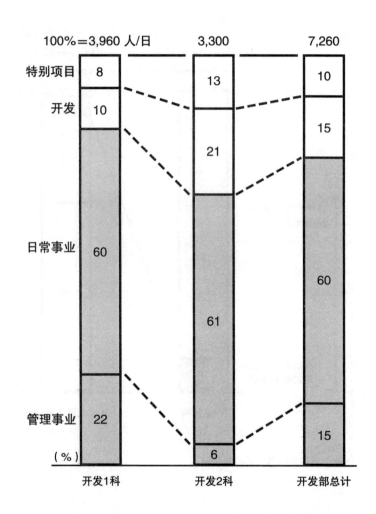

图 3-11　技术开发合计人员

● 开发环境也有问题

开发部门的整体环境也不一定适合技术革新。

比方说，以开发部部长为例，该部长毕业于一流国立大学电气专业，是一位在转包时代开发出了特色恒温器的优秀电气技术人员，当其所在企业被牧濑产业收购时，接下了控制机器事业，目前兼任控制机器事业部部长。他十分坚信"我们公司的技术远远优秀于其他公司"，对电子化不怎么积极。另外，就办事风格来说，在他心中，控制机器事业已经成了天皇般的存在，他已经在自己心中建起了一面高墙——许多方面的新意见他都不采纳。

最后，开发部门跟营业制造等其他部门在所有交接处都无法顺利交换信息，渐渐营造出一种说了也没有用的气氛。因此大家整体上（尤其是电子工程师和年轻人）都没了干劲。

我们经常能看到以上这种案例。问题出在以下两点上：本人自身完全没有意识到会招致如此结果；因为该部长过去有实际成绩，大家也公认他非常优秀，所以至今都深受高层管理者信赖。

● 无法确定主题

就现在我们处理的开发主题而言，就如前面所提到的那样，产品结构的 84% 今后都要推进电子化，因此我们必须把开发重点放在这部分领域。然而事实上，整体 31 个主题中只有 42%（13 个）以这部分领域为主题（图 3-12）。而且，这 13 个迁移产品主题中有 9 个是改良研究的主题，跟电子化基本没什么关系。

技术开发主题的分散

控制机器类型\研究阶段	已电子化的产品	迁移产品	仍为电气式的产品	主题数
基础研究	0	0	3	3
开发研究	2	2	5	9
应用研究	2	1	1	4
试制测试	0	1	4	5
改良研究	0	9	1	10
主题数	4	13	14	31

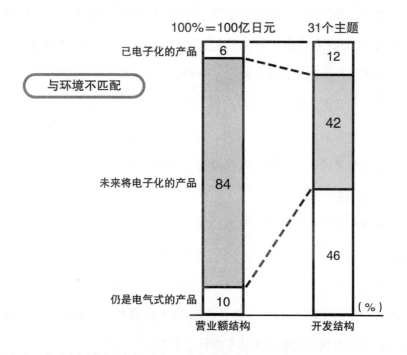

与环境不匹配

100%＝100亿日元　　31个主题

已电子化的产品　6　　12

未来将电子化的产品　84　　42

仍是电气式的产品　10　　46

（%）

营业额结构　　开发结构

图 3-12　技术开发的主题

- 过去的开发回报率也很低

从开发回报率层面上来说,可以说多半的努力都白费了(图3-13)。1975年到1979年这5年间,开发委托件数是163件,没有着手研究的占整体件数的10%,剩下的90%都以某种形式投入了研究,其中正在开发的有50%,剩下的40%中有65件在着手后已经得出了某些结论。

再试着分析一下这65件已经得出了结论的委托,其中的60%(39件)在着手后处于暂时保留或中止开发的状态,剩下的40%(26件)暂且开发完毕,然而其中有20%,也就是13件还处于未投入商品化的搁置状态。到头来,总共163件委托中投入商品化的只有13件(约8%)。

这8%的开发回报率在某些行业来说已经算高的了,然而对控制机器而言,就真的非常低了。这种开发完成状况暗示了很多开发流程方面的问题。

首先,刚开始着手时,开发部门可能没有慎重选择主题,而是雨露均沾,平均推进;在实施开发的过程中,可能没有尽快放弃一些已经不行的主题,而是一直拖着慢慢研究。

反观着手开发以后的情况,那些被中止或是保留的主题之所以会这么多,可想而知,原因之一就是没有充分掌握用户需求,没有充分理解客户是想要什么才来委托开发的,把精力都花在了不必要的事情上。另一方面,没有充分意识到开发难度就是开发的起点,所以没能拆掉高墙,结果在技术上遇到瓶颈,只好中止或保留主题。

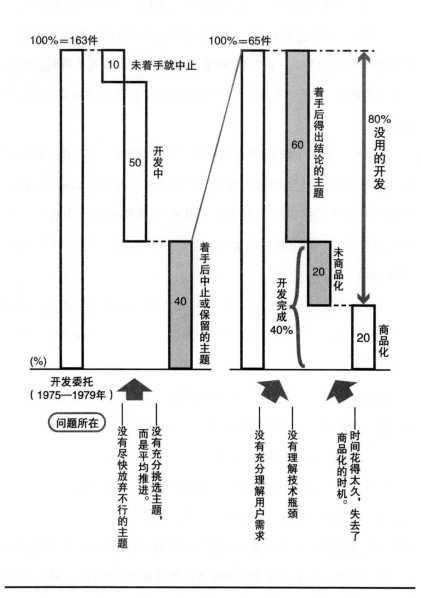

图 3-13　开发完成状况和流程方面的问题所在

很明显，未商品化的 13 个主题是因为花了太长时间而没赶上商品化。因为一开始没有确定要集中研究的主题，所以有限的开发人员就被稀稀落落地分散到了各处。因此，在产品完成之前就花了太多时间去努力钻研，等到要商品化的时候，别的竞争企业已经拿出了同样的产品，结果就失去了商品化的时机。

把上述问题加以总结，策划部部长得出了以下结论：牧濑产业没赶上电子化是因为开发速度的迟缓及开发回报率的低下，也就是说，如上所述，首先电子工程师的数量就不够，多余的工作还占去了他们的时间，而高层领导对电子化态度不积极——种种因素都拖累了开发速度。再加上这些因素还在一定程度上使得开发主题分散平均，主题确定流程反映不出用户需求，而这两点正是导致开发回报率低下的关键因素。

e. 改善的范围

策划部部长经研究后得出了如下结论：要想推进控制机器事业的电子化，就必须在技术开发体制层面上改善三点。

第一点，要迅速掌握最终用户的需求，改善制造、营业、用户的交接，好让开发出来的产品能够顺利商品化。

第二点，为了加快开发速度，要尽量多投入电子工程师，争取提升他们的工作效率。

第三点，为了提升开发人员的创造性和积极性，要改善开发的氛围和环境。

策划部部长想根据这三个方向来提出改善方案，但他忽然注意到，这三点不仅可以用于控制机器事业上，还能用在整个温度事业总部上，于是就从这个角度进一步进行了研究。然后他明白了一点：就算是冰箱和空调这种主要事业，在跟市场交接以及技术人员结构方面也有改善的余地。

也就是说，虽然温度事业总部把聘用的电子工程师投入到了空调和冰箱部门，但对比实际需求而言，冰箱部门的技术人员过剩，技术人员在某些方面自作主张，结果造出了技术优先，却不一定符合市场需求的产品。例如有一款预计近日发售，采用了微处理器的新型冰箱，这款冰箱在价格方面受到了渠道的反弹，这很有可能是因为用户没有认清价值和价格的关系。

一般来说，在家电行业中，微处理器的采用和价格上升的相互关系如图 3-14 所示，价格上涨率越高，使用率就会越低。而且，如果用户无法理解采用微处理器的意义，价格上涨往往就无法正当化，最后产品就会卖不出去。例如，如果用户只需要一台能控制水量的洗衣机，那么上面安不安装微处理器都无关紧要，选便宜的更合适。从这种层面上来讲，牧濑产业的冰箱有可能会成为一个失败的案例。

另外，空调部门因为跟不上电子化的速度，要求公司往自己部门投入更多的工程师。

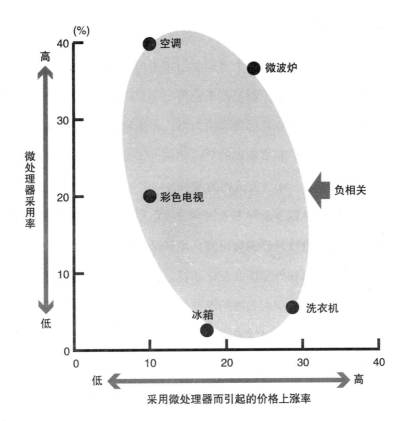

资料来源：日本电子机械工业会。

图 3-14 价格上涨和采用率的关系

到头来，交接的问题、技术资源的问题、技术人员结构的问题就成了整个温度事业总部的问题。

f. 策划部部长的提案

因为电子化问题会给各个事业部门带去相当大的影响，所以解决方案也不能只纯粹围绕控制机器事业部一个部门来制定，必须摸索出一套针对整个温度事业总部的解决方案。在这种情况下，前提是要解决以下四点：①用户和事业部的交接问题；②技术人员结构的优化；③开发环境的改善；④开发流程的改善。

再加上控制机器事业部本来就在向冰箱和空调两个事业部门提供控制机器，同时也往外界销售机器，也就是同时站在内产和外销的特殊立场，公司内部和外部都会发来委托。特别是微电脑问题出现后，这种倾向越发极端，空调和冰箱事业部都理所当然地认为控制机器事业部就应该给自己部门提供支援；另外，控制机器事业部本身也认为不接受外部委托就无法成长。

策划部部长考虑以上问题后，提出了以下提案（图3-15）。

部门设置——为了改善用户和事业部门交接的问题，不应该只在控制机器事业部的层面来讨论改善方案，而应该上升一个层面，在离温度事业总部部长非常接近且与策划部基本对等的位置建立一个相当于电子化发展部门的机构。然后让这个机构去解决空调、冰箱，以及控制机器这三个事业部门共同的问题。至于这个部门必要的人才，可以从这三个事业部门中抽出全职人员来做。

改善点

①用户和其他事业部交接问题的改善
②技术人员结构的优化
③开发环境的改善
④开发流程的改善
　·主题的设定
　·加速或中止开发的决定

方案

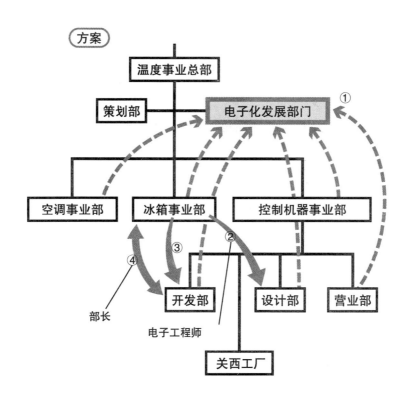

图 3-15　策划部部长的提案

资源的重新分配——就技术人员结构的优化而言，因为冰箱事业部已经有非常多的电子工程师了，所以就抽出一些重新分配给开发部门。

环境的改善——至于改善开发环境方面，虽然无论如何都会牵扯到人心问题，不过我们可以选择把一直妨碍电子化发展和企业环境改善的开发部部长升到电子化需求较少的冰箱事业部去当部长，让人心有所变化。

流程的改善——开发流程的改善需要以电子化发展部门为中心，来集中主题，分配资源，管理开发速度，加强跟商品化的联系。

这一提案在实际情况中获得了全面通过，计划顺利进行。以上案例是将我们实际面对的一些案例简单化、模型化后的产物。然而我们认为，这些问题并不是个别问题，不只是家电行业或牧濑产业才有这些问题。

三、新时代背景下解决问题的方向

牧濑企业案例中本质上的变革主要集中于四点。第一点，配合环境变化来重新审视技术战略，让技术战略不止停留在事业领域。第二点，成立一个跨各个事业总部的组织，也就是建立战略部门机制来在整个公司范围内针对重点区域加速技术开发。第三点，配合战略来重新合理分配资源（人才和能力）以提升开发效率。第四一点，改善妨碍创造性开发的企业高墙，尤其重点改善那些大企业常见的体系和态度上的问题。

可想而知，大部分企业在 20 世纪 80 年代都将直面一些用以往的概念和组织运营体系无法应对的问题。

要说为什么，是因为技术层面已经萌生了一些技术层面上在现有事业领域无法应对的问题。企业需要明确攻和守的平衡。

攻和守的平衡

在新型技术领域，支持者（追随者）不得不向创新者转换（向攻转换）。也就是说，技术开发必须从战后一直以来的技术消化型或是追随型转换成革新型（攻击型）。

在此我们能想到以下几点：

- 代替能源对第一产业带来的影响

- 电子化给电气机器及相关产业带来的影响

- 生物化学给医药、食品、化学工序带来的影响

- 材料革命导致金属向工程塑料转换

- OA 的发展给所有间接事业带来的影响

- 因发展中国家力量提升而受到威胁的中等和先进技术领域

诸如此类。以上每一点都会给企业带来非常巨大的影响。并且，这些问题主要都是一些现有事业领域未能完全定义的问题。

这里我们以化学工业和计算机产业为例（图 3-16）。如图可知，技术水平自应用技术时代（以战后蓬勃发展的技术为基础）以来，这几年间都在不断发展的根本性技术革新，正要再次出现质的飞跃。

为了把事业维持下去，企业必须往投资效率最高的现有主要事业继续投资，就这一点来说，企业必须强化防守。

因此，面临这类问题的多数企业，都越来越需要从攻和守两个方面来重新审视以往的战略组织体系。

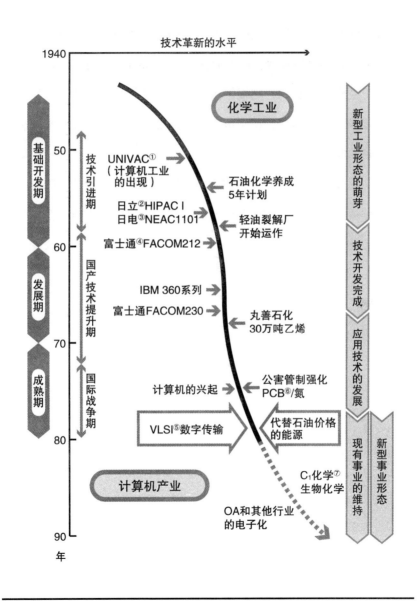

图 3-16 技术革新的发展

被迫变形的 7 个 S

考虑到技术革新的影响所波及的范围，可想而知，影响不光会波及技术部门，还会波及经营的所有侧面，就如图 3-17 所示。

至于受到多大影响，则根据技术领域以及企业所处的产业领域有很大的差异。无论如何，都会留下一些局部措施（光靠技术来解决）解决不了的问题。

换句话说，前面我们提到的 7 个 S 是在以往的环境基于相应的平衡在旧环境中立足的。而这 7 个 S 已经渐渐不再适合当前正在发生巨大改变的环境。因此，可想而知，我们必须追求新的平衡，改变 7 个 S 的形态，使它们能在新环境中立足。推动这种变形的因素就是代替能源、电子化、生物化学这些技术性革新（图 3-18）。

---

① 美国的计算机企业。——译者注

② 日立（HITACHI），是来自日本的全球 500 强综合跨国集团。——译者注

③ 日本电气株式会社。——译者注

④ 世界领先的日本信息通信技术（ICT）企业。——译者注

⑤ 超大规模集成电路（Very Large Scale Integration）的简称。——译者注

⑥ 多氯联苯（polychlorinated biphenyl）。——译者注

⑦ 化学反应过程中反应物只含一个碳原子的反应统称为一碳化学。一碳化学的主要目的是节约煤炭和石油资源，用少的碳原料生成多的燃料，提供给人类。——译者注

主要变化	发展中国家的力量		OA发展	材料革命	生物化学		电子化	代替能源	
企业	石油公司	化学公司	所有企业	大型企业	汽车公司	化学公司	食品公司	电气制造商	化学公司	电力公司
形态	依存国际石油联盟→直接买进	原料进口→就地生产	管理部门的缩小	收银员→自动化	铁→工程塑料	化学工序→生物化学工序	食品→生命科学	电气式→电子	轻油→C₁化学	石油→煤炭

（技术环境的变化和变化示例）

影响波及的范围	发展中国家的力量		OA发展		材料革命	生物化学		电子化	代替能源	
	石油公司	化学公司	所有企业	大型企业	汽车公司	化学公司	食品公司	电气制造商	化学公司	电力公司
以往事业逐渐消失		✓						✓		
成本结构彻底变化		✓	✓	✓	✓	✓		✓	✓	✓
竞争对手改变	✓	✓					✓	✓		
用户改变		✓					✓	✓		
以往技术无法使用					✓	✓	✓	✓	✓	✓
以往体系派不上用场	✓	✓	✓	✓						
组织形态不再合适	✓	✓	✓	✓			✓	✓		
人材不再混合							✓	✓	✓	✓
管理风格不再合适	✓	✓	✓	✓				✓		
事业范围发生变化	✓						✓	✓	✓	✓
需要根本性技术革新							✓	✓	✓	✓

图 3-17　技术革新给经营的各个侧面带来的影响

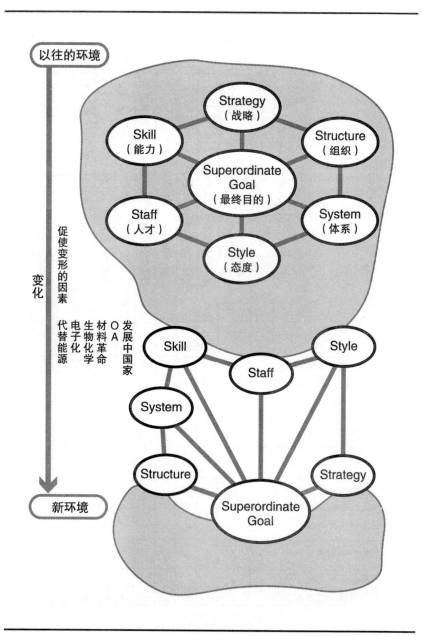

图 3–18　7 个 S 的变化

然而，当我们经过顾问活动后，再回头看这一点，会发现源于企业高层管理者所面临的很多技术性课题依然还在，技术开发的方向定位或是机制本身根本就没变。

就这一角度来说，可以总结出两大问题。第一，来自四面八方的情报渠道或投资分散了大家的注意力。包括新型和现有两个事业领域都有非常多的常见案例，或是某些公司在选定主题时倾向于现场部队，只追求短期性成果的案例。这一问题还清楚表现在开发效率低下，无法决定优先顺序上。

第二个问题就是机制不契合新环境。这一点体现在以下现象：质量和数量两方面的人才结构都呈扭曲状态；研究包括基础、开发、应用等阶段，但该结构尚不完备；从判断成果层面来看，企业仍把过去一直使用的数据（例如商品化率、投资回报率、专利申请数等）套用到新的环境中来进行判断。就像我们在牧濑产业的案例中提到的那样，技术人员也有很多时间是白费的，因此尤其对大企业来说，企业中必然存在一种机制，即我们在下一章中将讲述的"破坏创造性的机制"。

技术开发领域的领导力

那么，企业为了突破现状，应该采取何种措施呢？这里必然就需要高层管理者的明确判断和领导力。然而，有一点需要大家慎重思考一下：高层管理者该以何种形式在技术开发领域发挥领导力呢？就我们的经验来看，以下几个方向是可取的。

- 首先，明确分离新型事业领域和现有事业的技术开发工作。

- 至于新兴领域方面，把该领域的技术开发工作置于总经理项目的高度。在这种情况下主题就会减少，而且要鼓励跨事业部门的理想型方案。例如信息产业（网络），就集中于机器人、煤炭这种在现有事业领域中无法定义的主题。

- 就算主题数量很多，也要集中在两到三个主题上，也就是说，只把资源投入在赌上公司未来的主题上。

- 用直接关系到整个公司长期战略的形式来进行管理工作（预计投入整个公司 20% ~ 40% 的开发资源）。

- 明确最终成果，即到什么时候为止要做到什么事。

- 在机制方面，设置一个像牧濑产业案例里那样的战略部门。

近年来一个优秀的案例就是日立公司，该公司采取了以上应对措施，从整个公司召集 500 名工程师，集中开发机器人。据该公司声明，其开发目的是把现在的 150 台机器人在 5 年后增加到 600 台，由此来把生产技术部门直接管理的劳动力削减到现有的 70%，因此日立才会投入全公司的 500 名工程师来推进开发工作。也就是说，如果涉及机器人这种跨事业部门的主题，就要用以下形式来明确手段和目的：首先明确该主题是涉及整个公司的大项目，通过投入全公司的 500 名工程师来把机器人在 5 年后增加到 600 台，将劳动力削减到 70%。这也可以说是战略部门理念的一个典型例子。

此外，现有领域的技术开发工作必须以效率最大化为目标。

• 主题不光指那些用于维持现有事业，与投诉处理和现有产品相关的应用研究。因为现有事业领域也有新型技术或是未来战略，所以现有事业中只要包括这类主题，我们就要把这类主题看作跟所有现有事业相关的主题，跟前面所说的总经理项目分开处理。这样一来，事业部门和中央研究所在研究的主题，都会以现有事业相关计划的形式全部集中于此，由事业部和研究所来独立管理。

• 成本跟这些事业有着直接的联系，成果则要通过这些事业对营业额和长期收益的贡献度来判断。

• 像人员安排和投资等涉及整个公司层面的审核工作，基本上就交给事业部和研究所来自主管理，不要几年才进行一次。

也就是说，第一步就是用以上形式把新型事业领域和现有事业领域明确分开。

通过组合 RVA 和 SS 来应对

这种情况下，就机制而言最有效的一个方法就是最大限度应用现有领域的 RVA[①]（Research Value Analysis）和新兴领域的跨事业部门组织，也就是战略部门（Strategic Sector ＝ SS）的组合。

———————————

① 研究价值分析。——译者注

●RVA

RVA 是把麦肯锡公司的间接削减事业手法，即 OVA[①]（Overhead Value Analysis）思想应用到技术开发领域的结果。目的是让开发效率提高约 40%。对象是所有主题，分成 4 个阶段来研究效率化。

第一步，要做的就是研究该放弃的事。在技术组合管理中，企业有很多开发主体跟事业战略挂不上钩，也不知道为什么研究，像这种主题我们通常就尽量放弃。

第二步，缩小范围。例如，有个研究主题正在基础、应用、开发三个层面同步推进，这时我们放弃基础只搞开发，来缩小范围。

第三步，替换。也就是采用替换策略，采取委托外部或是跟身处不同行业，但是能弥补自家公司缺陷的研究机构共同推进研究工作，不要遇到什么事儿就把自家公司的资源全投入进去。

第四步，研究向下迁移方案，实施积极的低水平迁移方案，为原本的开发和创造性事业筹措出必要的时间和人手。例如，用高中毕业的技术人员替换本科毕业的研究人员，或是用年轻的工程师替代博士。

具体来说，就是使用如图 3-19 所示的矩阵，基于研究阶段、事业的新颖性，明确能放弃的东西、能缩小范围的东西、要替换的东西，以及要向下迁移的东西，最后就是努力用现在 60% 左右的资源取得相同的开发成果。

---

① 管理费用价值分析。——译者注

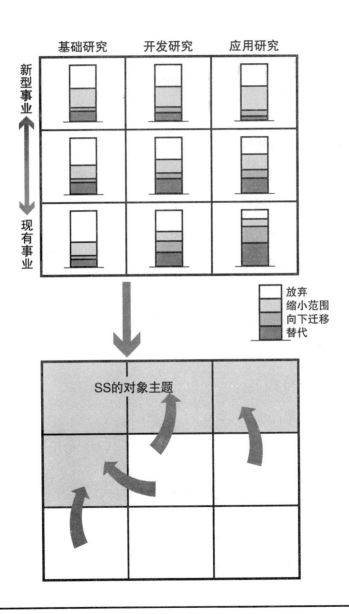

图 3-19　给 RVA 和 SS 重新分配资源

● 战略部门

在彻底实施 RVA 的基础上，我们筹措出一些公司内的宝贵资源，接下来就是往那些赌上企业未来的跨事业部门的主题重点投入这些资源了。对此我们的方案就是设置战略部门（图 3-20）。为了能大力推进那些直接联系到顶层事业的精华项目，首先需要站在整个公司角度来明确部门负责人的权力和责任。

因此这就需要从有关部门（营业、开发、制造等）调集必要人才来专职参与。就牧濑产业的案例而言，因为事业总部的问题，所以企业就选择把 SS 放在了离事业总部部长较近的位置。然而通常情况下，绝大部分问题都是跨事业部门性质的问题，因此我们需要把 SS 放在接近总经理和高层管理者的参谋性位置，赋予其强大的权力。

战略部门的意义就是以明确最终成果的形式（也就是到什么时候为止要做什么事）来让相关人员负起责任，往后执行工作。

然而，战略部门就是一个用于达成目的的项目组织，等到目的达成，就将其分解，补充到事业部门层面。

能突破现状的手段还有很多，然而我们将面临的是一个越来越需要注重攻守平衡的时代，上文中所说的通过组合 RVA 和 SS 来应对新型事业环境的方案可谓是一种强力的手段。

战略部门
当现有事业因产业结构变化和技术革新而受到全面影响时，作为事业部门的上位概念所引进的超越以往事业部门的战略单位。当进行到商业化阶段后，会被降到事业部门级别。

·整体责任（专职）
·常务会专用窗口
·研究和公司现有事业的整合性
·对比判断内部R&D和对外合作的利弊

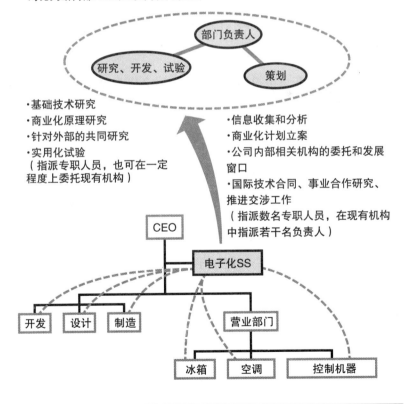

·基础技术研究
·商业化原理研究
·针对外部的共同研究
·实用化试验
（指派专职人员，也可在一定
程度上委托现有机构）

·信息收集和分析
·商业化计划立案
·公司内部相关机构的委托和发展
窗口
·国际技术合同、事业合作研究、
推进交涉工作
（指派数名专职人员，在现有机构
中指派若干名负责人）

图 3-20　电子化战略部门概念图（例）

变革的第一步——从检查 7 个 S 做起

7 个 S 已经在以往的环境中取得了平衡，这种检查也是让它们在新环境中保持平衡的一种方案。为此，我们首先要以战略和终极目的为中心确定基本方向（例如，要在全公司范围内发展电子化）。然后，就方法进行讨论：要向这个方向转型，光做改善工作就够了吗？必须革新公司内部吗？再进一步讲，就算借助外界力量，也非革新不可吗？我们必须在此基础上转换剩下的 5 个 S（组织、体系、态度、人才、能力），让新的 7 个 S 能够保持平衡（图 3-21）。可想而知，实现了这种变形的企业在新环境下也会成为胜者。

举个例子，东京电机预计电子化今后会成为收银机领域的主流，于是不只改变了战略，甚至不惜以闲置机械工学为代价，也要把机制往这个方向转变。我至今还清晰记得，东京电机就是这样跟全世界慢了一步的竞争对手们拉开巨大差距的。也就是说，东京电机是一个非常具有代表性的例子，该企业在确定基本方向（最终目的和战略）的同时，成功转变了机制（剩下的 5 个 S）。

如上所述，在给 2 个 S 定好方向的基础上，非常关键的一点就是要预测改变组织、人才、体系等 5 个 S 的时机。

为了不弄错变化的方向和时机，高层管理者需要关于 7 个 S 列一个具体的清单（图 3-22），跟自家公司的技术人员展开相当激烈的讨论，以此来发挥领导能力。这样一来，就能发现自家公司在技术开发层面上到底存在多少无用功，还能明确认识到是否该转换整体方向，

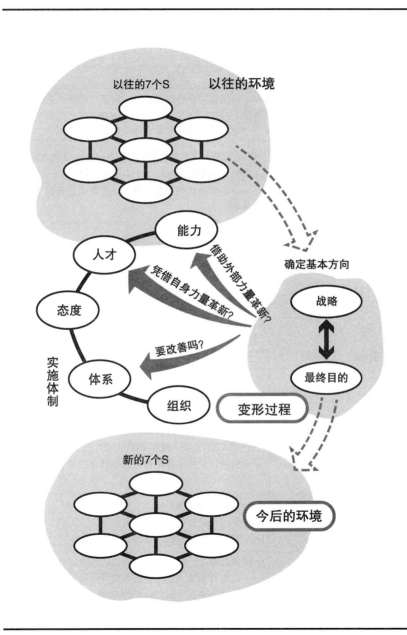

图 3-21　7S 的平衡

7个S	清单（例）
Super ordinate Goal（最终目的）	——已经要求企业环境在技术层面上往哪个方向转换了吗？ ——新型事业和现有事业应该是怎样一种组合？
Strategy（战略）	——目前技术开发主题是否符合可预料的转换方向？ ——尤其应该重点推进的3个主要开发主题是什么？ ——是要借助外部力量革新，还是要凭借自身力量革新？
Structure（组织）	——有没有形成能一眼掌握技术开发状况的组织结构？ ——销售、制造、技术开发部门间的沟通是否顺利？ ——能立即应对整个公司战略层面的变化吗？
System（体系）	——主题筛选标准正确吗？ ——关于技术开发成果有一个正确的评价标准吗？ ——有没有形成一个能迅速把开发成果联系到事业上的体系？
Style（态度）	——高层管理者自身有没有涉及技术领域？ ——技术开发负责人员有没有过于相信过去的技术？ ——技术开发态度有没有积极培养出新的萌芽？
Staff（人才）	——人才是否分散？ ——光用自家公司的人才不要紧吗？ ——有能帮助变形的人才吗？
Skill（能力）	——是否形成了能全力发挥能力的环境？ ——有没有形成一套用于培养变形所需的创造力和力量的体系？

图 3-22　高层管理者关于技术开发的清单

如果转换方向，该在何时以何种形式转变剩下的 5 个 S。

　　上文中也提过，本章提到的并不是技术开发管理上的所有问题。然而，时代在摇晃，在迎接新的变动时期，更何况经营者的身份要求他们不能看错时机。对他们而言，关键在于要基于自身的问题，最先确立解决方案。从这个角度来说，这里所说的"7 个 S"的清单、战略部门思维、通过 RVA 来彻底管理效率等都会是强力的武器。

大矢毅一郎

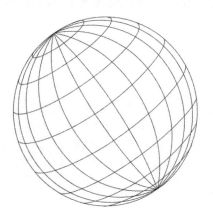

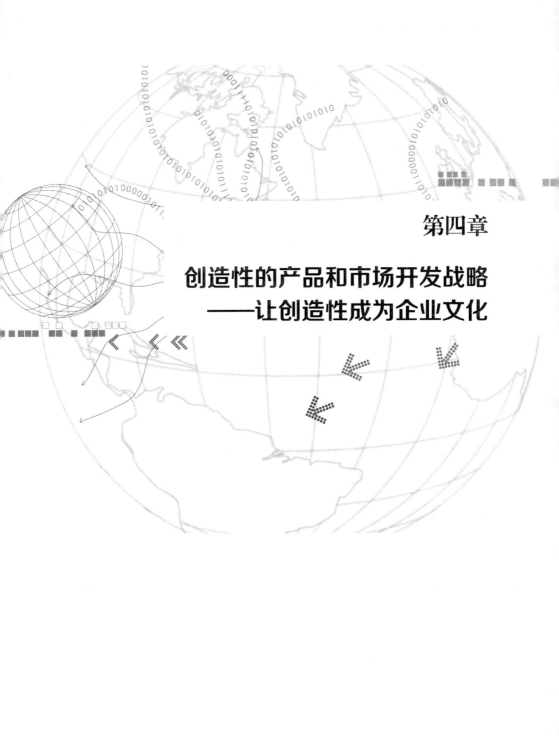

第四章

创造性的产品和市场开发战略
——让创造性成为企业文化

一、新产品与市场开发的问题

石油危机后的减量经营已经告一段落，对大多企业来说，如何以更长远的视角来维持发展，确立收益基础就成了重要的战略主题。想在低成长经济条件下实现这一目的，就需要积极开发新产品和新事业，开拓新市场。事实上，据部分调查公司对企业做的问卷调查结果来看，在约九成企业中，要求开发新产品、新事业的呼声高涨。另外根据报纸报道来看，众多总经理在对于今年新进职员的训话中强调了独创性和创造性的重要性，而这两点对于开发新产品和新事业来说正是不可或缺的。

我们公司一直以来都给高层管理者提供咨询服务，而最近也有很多人来找我们商量如何开发独特的新产品，如何做成新事业。基于这些情况，可以说借助新产品和新事业来创造新市场绝不简单，更何况，在把这些确立为事业的基础之前，还有很多困难的课题需要整个公司一起去着手处理。

从技术开发角度来探讨新产品开发和市场创造的话，可以总结成两种类型（图4-1）。

第一种类型，是拿那些使用了现有技术和现存概念的产品去创造市场。也就是说，针对现有的市场去创造新市场，就是让市场周边还没有购买该产品的人群买自家的新产品，或是促使现在已经有该产品的人将旧产品更新换代，或是再买一台新产品。然而，用这种形式创造市场以维持发展，则需要付出非常大的努力。

以冰箱市场为例，1970年前后冰箱市场已经进入了成熟期，然而此后市场也在继续发展（图4-2）。这是因为，在过去日本家庭有台不超过200升的冰箱就够用了，然而随着生活水平的提高，用户就越来越想要大的冰箱，就算家里的冰箱没坏，也都开始给冰箱更新换代了。再加上制造商又响应了日益多样化的用户需求，更激发了人们给冰箱更新换代的热情。例如，"我想要经济实用的冰箱""我想要用起来更方便的冰箱""我想买个能紧靠着墙壁的冰箱，好搭配我新家的装修风格"，制造商们针对以上各种各样的要求，陆续开发出了"多门"和"贴墙"等新产品。冰箱市场正是因为针对用户的多样化需求陆续做出了各种贴心周到的新产品，才得以发展至今。

像这样根据用户需求差异来细分市场，针对不同市场开发出最合适的产品，对于让新产品获得成功来说正是极为重要的，我们把这一措施叫作根据用户需求的市场再细分。关于这部分内容，我们会在下一节详细说明。然而采用这种做法有个难处：得不断挖掘并摸清用户需求，不断拿出新点子。不然最后就会渐入困境。因此，就需要培养

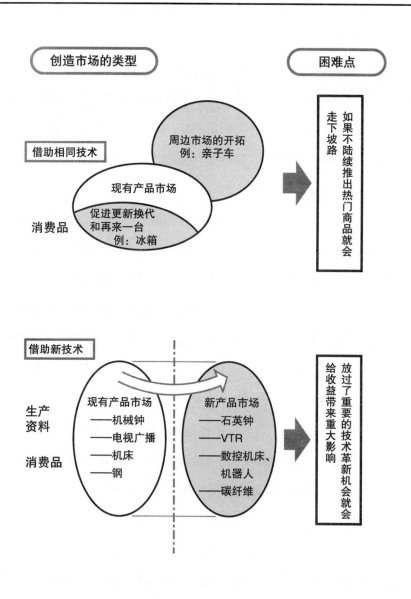

图 4-1　新产品的开发和市场创造的类型

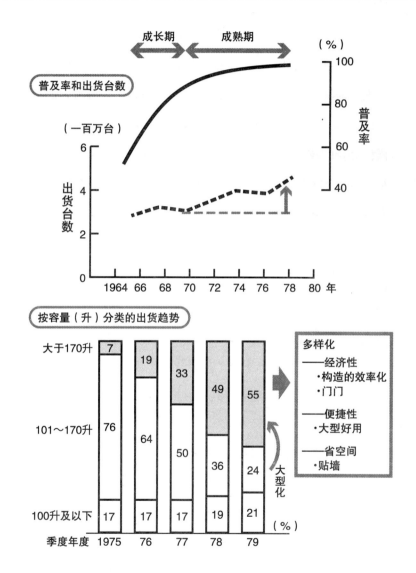

图 4-2 冰箱市场

出一种能拿出许多点子的企业文化。

第二种则是不走现有技术的路子，使用全新技术开发新概念产品，由此来创造市场。例如，拿消费品来说，针对机械钟开发出石英钟，针对电视广播开发出 VTR，据此来创造新市场。生产资料方面则用数控机床或机器人来代替手动机床，针对钢和杜拉铝开发出碳纤维，就像这样用全新的技术来划分市场，或者说是创造出新市场。

拿手表举例的话，日本的钟表工业开发出了精准且免维修的电子手表，并以低价将这类手表投放于市场，从而创造出了前所未有的新市场。相对而言，瑞士因为没赶上加入电子手表市场的时机，结果仅仅 10 年就失去了至少五成的世界市场份额。如今，瑞士钟表工业正被迫站在存亡的边缘。一旦失去重要的技术革新时机，不仅会影响企业的存亡，还会给整个国家的收益带来巨大影响。因此，从这一例子中我们也能了解到：正确决定新产品和新技术开发的方向有多么重要。

就我们做咨询的经验来看，其实有很多企业都在跟我们抱怨开发新产品的难处，"想不出好点子""很难做出独特的商品"。把这些企业的背景条件整理一下，大概可以总结出三点问题。

第一，企业文化。对大企业来说，把现有事业发展下去就是组织的最大目的。为此企业无论如何都会追求效率，而追求效率这一企业文化又成了阻碍自由创新的绊脚石。第二，弄错了产品开发的方向，导致好不容易开发出来的产品也不能顺利形成一门事业。第三，制作人员和销售人员沟通不畅，导致产品的独特之处在销售层面上体现不出来。关于这三点，我们会在下面详细说明。

企业文化的问题

一旦在企业内部开发新产品，就会碰到各种各样的障碍。比方说，假设有人提出了个好点子，负责人就去找技术部门商量，于是技术部门马上回复道"这种东西我们做不出来"。再假设这位负责人去找销售部门谈，销售部门却说"这种东西卖不出去"。到头来，这个点子就夭折了。也要考虑到如果技术和销售的负责人答应了，要把这个好点子用在产品上的情况。然而，这家公司每年只会制订一次预算方案，错过这个时期，开发新产品就只能等到明年的这个时候了。所以，要是把点子留着等下一次制订预算方案，万一在此期间竞争对手做出了相同点子的产品并发售了，这家公司就会被捷足先登，难得的好点子也会落空。

这种让点子夭折的障碍物以企业氛围、制度或是缺乏经验的形式大量存在于企业内部（图4-3）。确实，要想把现有产品的销售额和事业维持下去，严谨管理预算，经验优先主义很重要。然而，如果做得太过火，就会扼杀一个个难得的好点子，最后大家就会觉得"我出点子也没用"，到头来维持现状的情绪就会占据主流。这样下去也就渐渐没有新点子了，整个企业就会失去活力。

就我们与众多企业接触的经验来看，尽管企业内部有非常多的人具备提出点子的潜力，企业文化却在不断以各种形式毁掉这些点子。因此，关键在于，要用某些方法来把点子和阻碍点子的因素分离开来。

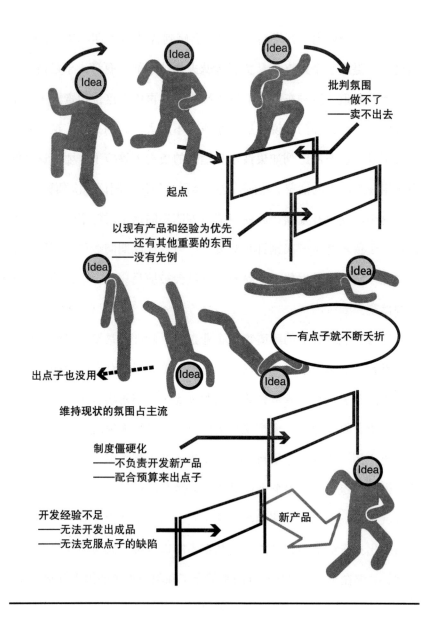

图 4-3　杀死独特点子的障碍

弄错新产品开发的方向

解决了第一个问题，多半就能开发出灵活运用了新点子的产品。然而，不是所有做出来的产品都能火（图 4-4）。有些产品卖得好，有些则完全不被用户所接受，有些好不容易卖出去了，却被别家公司抢占了先机，导致销售额上不去。新产品如果想取得实际成绩，到头来除了点子好之外，事业战略（产品的制作和销售方法）也要好。对新产品而言，决定事业战略好坏的关键因素要看该产品的开发过程。

一种优秀的新产品背后往往有很多优秀的点子。就拿我们至今经历过的机械和电机产业的案例来说，一种新产品需要 60～100 个点子，而其他产业也显示出同样的倾向。以符合市场、具备可行性等指标从这些点子中筛选出真的好点子，再就开发进行讨论，最后选出作为商品有成功前景的点子——新产品就是这样诞生的。

因此，不管想出多少好点子，（比方说）如果没能正确理解用户需求，把点子出错了方向，就肯定做不出优秀的新产品。此外，就算点子出的方向正确，一旦筛选基准搞错了，也会选偏路线，做不出优秀的新产品。所以说，重点是把事业战略的思路充分反映在给点子定位方向和筛选点子上，而要实现这一目的关键就在于积累经验。

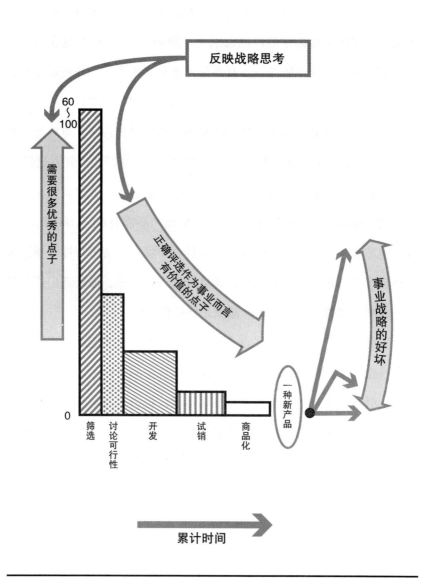

图 4-4　新产品的衰退曲线

开发目标和销售政策不一致

假设负责开发的部门发现了新的用户群,这些用户跟以往产品的主流用户人群不一样,他们对产品的用法别具一格(图4-5)。然而,我们见到过很多这种例子:开发部门为了把产品投入市场,从而把该产品交给销售部门管理时,没有把开发理念充分传达给销售部门。这样一来,销售产品时就采用了跟以往产品相同的销售方法,用相同的渠道来销售,打的也是跟以往一模一样的广告。到头来,就导致产品很难跟销售额挂钩,要么新产品无法高效到达目标用户群,要么针对性弱。因此,搞好制作人员和销售人员之间的沟通极为重要。

综上所述,妨碍企业拿出创造性新产品的因素包括以下三点:(1)受追求效率的企业文化所害;(2)产品的开发方向错误;(3)制作人员和销售人员间出现理解偏差。首先从人的角度分析该背景的话,可知多数企业都具有拿出创造性点子的潜力。然而,组织、气氛能毁掉这些点子,而且公司内的体系和制度目前还解决不了这类问题。因此,想要不断拿出好的新产品,其根本战略就是充分激发当前企业中员工的创造潜力,同时创造一套能从组织层面来持续保护新点子的体系和制度。

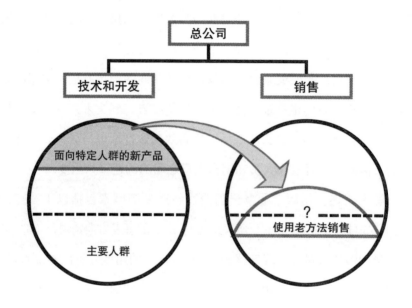

图 4-5　用户不同，产品的开发目标和销售政策也不同

二、创造性新产品战略的基本概念

创造性新产品战略流程的基本就是改善和消除以下三点妨碍因素。

第一步，为了不受追求效率的企业文化所害，我们需要把出点子的地方和评选的地方分开，由此来避免点子被组织和文化给扼杀掉。第二步，针对产品开发方向不能很好适应事业战略这一问题，我们需要基于事业战略思路来采取有逻辑性和分析性的手段。第三步，针对制作人员和销售人员在理解上的偏差，我们从开发到引进阶段都要坚持一个思路，基于这个思路来制定战略。

事业战略的思路

理解事业战略的思路是让事业繁荣昌盛，永远走下去的基础。那

么，事业是怎样一种东西呢？为了理解这一点，我们可以想想自己的事业，这样其原点就会很明显了。

一门事业，首先需要购买商品的用户。因此，用户与其周围的环境就是事业的第一主要构成因素。其次，自家公司需制作销售产品，靠产品来赚钱。最后，经营过程中，肯定会出现竞争对手。而且，在战略层面上优秀的事业和新产品首先得能充分满足用户的需求，同时还得能满足自家公司的要求（不管用户再怎么满意，要是自己公司赚不到钱就一筹莫展了）。本书后面会把这个"要求的东西"，也就是"需求"定义成"目标函数"，因为新产品不只是用户和自家公司追求的东西，而是由多个需求构成的。也就是说，新产品必须充分满足用户和自家公司两方的目标函数，而且，对于用户的目标函数来说，自家公司的产品需要比竞争对手的更能吸引顾客。

这里我们试着举一个近来热门商品的案例，也就是宅急便（图4-6）。1981年1月3日，日本经济新闻刊登了一个实验：用国铁、邮政、宅急便三种方法把红酒和玫瑰从大阪运到东京。结果显示，先后到达东京日本媒体中心的是宅急便（第二天）、国铁小物品（第三天）、邮政小包（第四天）。国铁和邮政送的玫瑰已经蔫了，而宅急便的玫瑰还非常水灵。从价钱上来说宅急便也更便宜，能满足竞争对手国铁和邮政无法满足的用户需求，因此宅急便才受到了用户们的欢迎。

如今买东西也能让快递免费送到家，对用户而言，他们非常需要快递能运送小物品，而且能打个电话就来取件。针对这种需求，宅急便公司认为，要具备独立的全国运送网络，灵活利用这些网络来做生

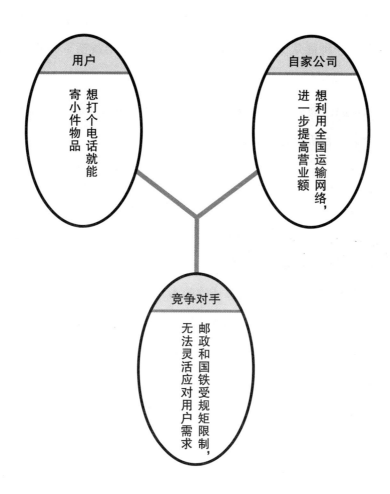

用户
想打个电话就能寄小件物品

自家公司
想利用全国运输网络，进一步提高营业额

竞争对手
邮政和国铁受规矩限制，无法灵活应对用户需求

图 4-6　宅急便

意，提升收益。而另一方面，其竞争对手国铁和邮政则受规矩限制，无法灵活应对用户需求，现在还要求包得严严实实，要用户自己把包裹拿到车站或邮局去寄。因此宅急便的销售额突飞猛进，可以说，其服务是一种能从国家这一强大竞争对手手中继续活下去的优秀新产品。

很多热门商品都有着相同的情况，因此，下面我们将分别详细说明三个会成为新产品思路基础的因素。

a. 用户目标函数

每个用户追求的东西都不尽相同，因人而异。因此，我们就要根据用户的目标函数来细分需求。

拿洗发水举例的话，有发质硬的人、发质软的人，用户的需求更是五花八门。因此，制造商们才会发售迎合不同需求的各种产品，这些产品才会火。然而事实上，很多企业提到细分，往往就会根据有钱没钱，是男是女这种容易获取的统计数据指标来细分，或者容易基于现有产品系列来细分。然而，根据用户目标函数实现的细分结果跟以上细分结果却不一定一致，甚至可以说，统计指标只是个结果。

相机领域也有同样的例子（图4-7）。以往的相机行业用产品系列来细分市场，例如高端相机就是单镜头，中端相机就是中心快门，低端相机就是110格式。相对而言，用户追求的不一定是这种分类。

根据产品系列细分

根据目标函数细分

相机的用户群

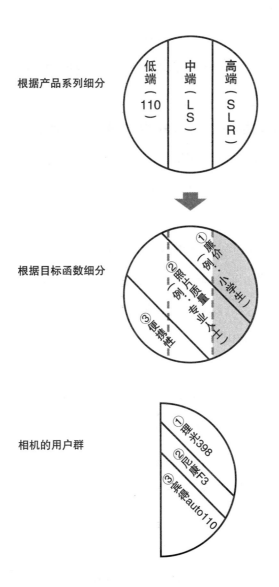

图 4–7　相机的用户群

近年来，有一些小学生想要便宜的相机来拍蒸汽火车。同时，也有一些小学生想要能实现高级拍摄手法的单镜头相机。就算都是单镜头相机，专业人士追求的是照片的品质，而旅行家追求的是携带方便。因此，就算是最高级的单镜头，也有理光 398 与尼康 F3、佳能 A-1 之分。理光 398 大受追求低价的小学生欢迎，而真正追求照片品质的人则会选择尼康 F3 或佳能 A-1。考虑到那些追求携带方便的人群，宾得公司还开发出了宾得 auto110 相机，这种相机虽然是单镜头，却采用了以往人们普遍认为"低级"的 110 胶卷格式，小到可以放进口袋里，很受人们欢迎。

相对于根据以往产品进行细分而言，在近年的热门商品中，有很多新商品都是因为企业根据用户目标函数进行了细分而诞生的。

用户目标函数因人而异，同时随时代变迁。因此新商品也必须对应这种变化来不断变化。这点我们就用图 4-8 中所示的家庭暖气的例子来解释吧。

日本人生活水平还不高的时候，人们为了方便取暖，所以家家户户都选择使用轻便且廉价的煤油炉。之后，新房子一座座盖起来了。这些新房子的气密性一好，人们就开始讨厌煤油炉污染空气，气味难闻，甚至还发生了由于燃料不完全燃烧使人窒息而死的事例。因此虽然同样是暖气，人们就开始追求污染更轻的暖气。密闭式暖气响应了人们的这一需求，持续火了好一阵子。然而石油危机后物价急剧上升，人们再次强烈追求经济性，暖风机的势头就压过了密闭式暖气。

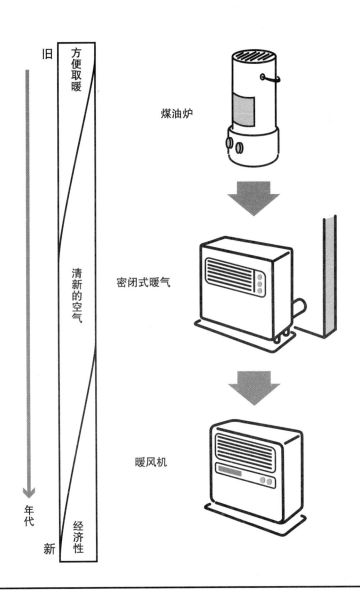

图 4-8　炉子和用户的目标函数

如上所述，用户目标函数是随着时代而变化的，因此如果我们能时常留意这点，经常观察用户，就能精确掌握这种变化。也就能做出优秀的新产品，即准确预测了用户目标函数变化的产品。

b. 自家公司目标函数

只基于用户目标函数去制造产品是不够的。如图4-9所示，用户需要商品同时具备尽可能多的价值和尽可能低的价格。然而如果满足了用户所有的需求，自家公司就赚不到钱了。因此就需要尽量降低产品的成本，提高利润。

那些在事业层面上堪称优秀的产品，可以说极少有满足以上两种目标函数的。从宅急便的例子中我们也能够看出，这种情况下，关键是要灵活利用自家公司掌握的技术和销售网络（就该事例来说是物流网络）来迎合用户需求，以低成本提供产品。近来流行的随身听（Walkman）也是一个道理。某些用户想在移动的同时能轻松听到好音乐，索尼公司针对这群用户的目标函数，巧妙利用了历史悠久的磁带录音机技术和商标名称，还应用了批量生产的技术和能力，开发出了价格极为低廉、用户体验还好的新产品。因此其他制造商很难从真正意义上步其后尘。

c. 与竞争对手的差异化

一谈到产品和事业，就肯定会有竞争对手，因此我们需要拿出能

图 4-9 用户的需求与制造商的提供两者之间的差异与矛盾

赢过竞争对手的产品，或是竞争对手不好模仿的产品来稳定自家产品的地位。比方说，假设我们研究了用户和自家公司的目标函数，得出了几个关于产品的点子。其中一个点子是要用高端产品造成差异化，另一个是要投资广告来提升产品形象。可能还有把资金投向大型工厂，低成本批量生产产品的点子。而且在这种情况下，相对于竞争对手而言，自家公司的规模较小。

考虑出台新产品的投资将对当前利益造成的影响，如果公司规模较小，投资固定成本会造成利益出现极大幅度的下滑，相对而言，如果投资可变成本，影响就会很小。因此，如果自家公司规模不大，就该选择提升材料品质，投资可变成本来拉开差距的点子，而不是选择投资广告和工厂这种固定成本。

因此，关键就在于从几个点子里选出竞争对手不擅长，而自家公司擅长处理的产品来做。

如上所述，充分考虑用户、自家公司、竞争对手这三个因素就是开发优秀新产品的基本。

如果你留神看看那些销售状况不好的产品，就会发现这些产品肯定有所缺失，例如四声道立体声。制造商（自家公司）音频技术先进，想要让4个喇叭分别发出声音，从而进一步提高听者的临场感，因此该产品诞生了。然而，对用户来说有两个声道效果就足够了，不一定需要四声道那么复杂的东西。所以，尽管很多企业都推崇该产品，这种新立体声却没有获得成功。从以上例子中我们也能了解到，对新产品开发而言，关键在于时时刻刻都要考虑到用户、自家公司、竞争对手这三个因素。

新产品开发的步骤

就像我们在第一节中所说的那样，扼杀新点子的最关键因素在于企业文化。为此，我们采取的对策是把提出点子和评选点子的人员彼此明确分开。如果我们把这一思想当成事业战略的基本思路并加以实施，就会得到如图 4-10 所示的阶层。首先要理解用户目标函数，不为任何人所妨碍，尽量多地创造出新点子。接下来，基于能否发挥自家公司的强项和弱项，能否跟竞争对手间形成差异来评选点子，控制点子数量，提取几个真正的好点子。

a. 创造点子的方法

说到创造点子的方法，第一，是充分理解用户目标函数，根据函数尽量多提点子。第二，尽管做出了迎合用户需求的产品，产品却不一定能跟购买挂钩，因此要想一些能防止这种情况的点子来消除妨碍购买的因素。第三，不要停留在做出的单独产品上，而是通过跟现有产品搭配组合来扩大产品范围。通过以上三步创造出的点子才最有效。

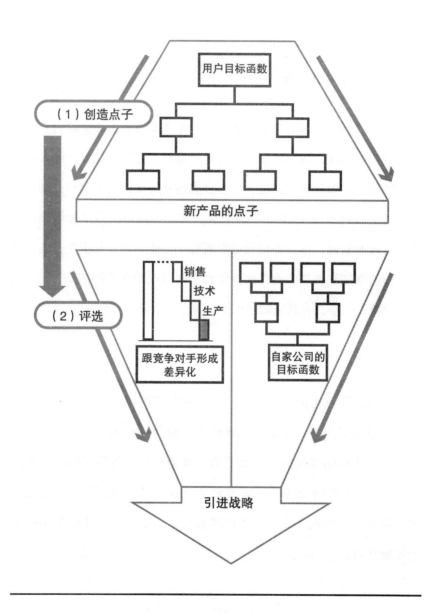

图 4-10　开发战略流程

我们先来说说第一个创造点子的方法，即理解用户目标函数。

用户追求的是什么？用户想达到什么目的？根据我们的经验来看，很多制造行业往往都容易站在产品角度来解答这两个问题。以微波炉为例的话，答案就是"做更好的微波炉"，因此产品的开发方向就变成了改良微波炉。然而，对用户而言，他们觉得不一定要用微波炉，能把菜做得好吃就行了，他们的想法跟制造商的想法并不一致。

不光是耐用消费品，生产资料也一样。以染料为例，染料商想着要做出好染料，所以在拼命对染料进行改良。然而站在用户的立场来看，他们真正的目标函数则是能染得漂亮、染得实惠。他们并不一定想要染料商改良现有的染料。就算只改良染色用的机器也能达到用户的目的。另外，还可以考虑解决现有的热水染色现状，提供用冷水也能染色的产品和溶剂。

站在用户的角度来想问题，新产品的可能性就会出现前所未有的飞跃性提升。因此，最重要的一点就是要理解用户目标函数。

而且，我们需要尽量详细具体地理解用户目标函数。用微波炉的例子来解释的话，用户目标函数就很模糊——只要能把菜做得好吃就行了。因此我们要把该函数具体拆分开来。例如，想把菜做得好吃，要么是配合目标来采取烹调方法，要么是找准火候来做。通过这样解剖问题，也就自然而然明确了具体的方向和实现手段。我们管这种分析方法叫作创新议题树分析法（CIT）[①]。如图 4-11 所示，我们把一

---

① 全称为 Creative Issue Trees，也叫逻辑树（logic tree）或议题图（issue map）。——译者注

个问题拆分成类似一棵树的形式，来找到具体出点子的地方。

如果大家用以上方法理解了用户目标函数，那么就可以针对函数来考虑实现手段了。在此阶段我们需要注意的一点是，实现手段常常容易被封闭在现有事业的条条框框之中，使得真正独特的点子很难问世。

好比制造行业，实现手段往往就会被局限在靠现有产品来解决问题的圈子里。然而，要真想做得好吃，也可以考虑提升厨师水平，提供已经做好的食品，用餐具来改善菜肴等手段。因此，制造商也可以跟食品公司合作，发售跟自己公司产品完全配套的食品，互惠互利。虽说也得考虑到可行性，但别太拘泥实现手段，尝试拿出新点子也是很重要的。

在此我们先解释一下如何提取产品创意。就微波炉的案例来看，假设我们把实现手段定在改善产品方向，那么在构成微波炉的要素中就会出现各种各样需要改善的项目，如图 4-12 所示。我们把这些项目叫作"战略轴"，把这些轴上的数字叫作战略自由度。然后，我们根据战略轴来想出关于新产品的点子，把这些点子综合到一起，形成的向量就是能让用户目标函数达到最大值的最优创意组合的最佳产品。例如，可以考虑给控制轴安上湿度传感器，通过预编程序来实现一流大厨的手艺。

因此，第一个方法就是采取以下步骤：先理解用户目标函数，基于函数来尽量扩充战略轴——也就是实现手段，然后根据各种手段来分别出点子，最后把这些点子总结成产品。

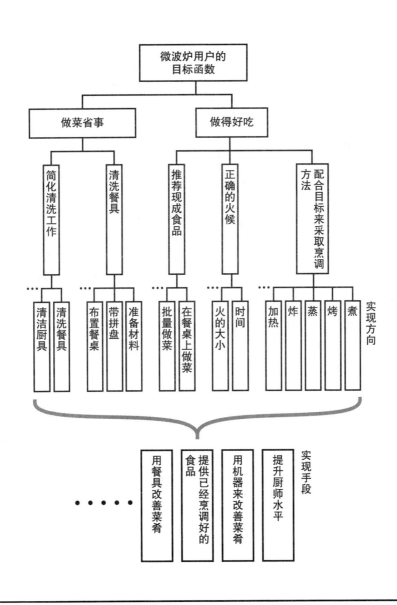

图 4-11 创新议题树分析法

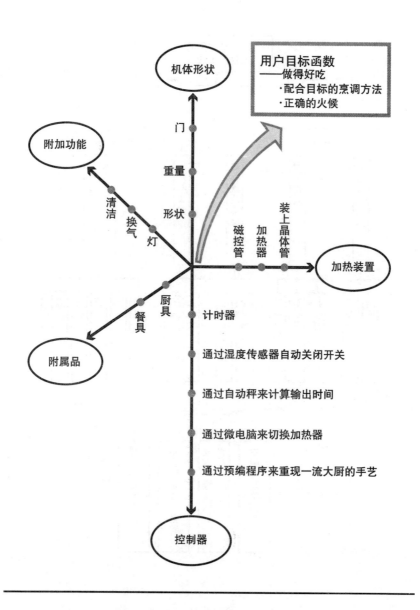

图 4-12　微波炉的战略自由度

下面，我们来说说第二个创造点子的方法。

虽然好不容易按照以上方法开发出了用户需求的产品，却不一定马上就能火。假设白兰地很好喝，味道也很好闻，可以说满足了用户的目标函数，但女性这边却很少会喝，因为白兰地的酒精成分太高了。这样的话，我们就可以仿照最近三得利①宣传的那样，加点水来降低酒精浓度。这样一来我们就明确并铲除了妨碍购买的因素，创造了新的产品创意。

摩托车这边也有同样的情况。一般的摩托车个头都非常大，非常粗犷。女性出于种种原因不会购买。比如个头太大搬不动，也开不了，"再说了，骑着这么男性化的车子多奇怪呀"。有很多方法可以应对这些问题。例如把产品做小做轻，让用户去驾校学开车技术，产品形象方面，则拿柔弱名字（Humming、Passol）和优雅的标志来吸引女性的心。通过采取以上综合战略，才能增添女性对摩托车的购买热情。

事实上，过去就有女性专用的轻便型摩托车。可想而知，这种车没卖出去，是因为企业只把产品做小了，甚至连最大限度应用自家公司能接受的战略自由度来构建新形象之类的事都没有去做。

如上所述，第二个创造点子的方法，就是明确用户为什么不买自家的产品，采用一切自家公司能采取的计策来考虑解决方法。

如果我们想不出新产品的点子了，接下来我们就要考虑跟现有周边产品搭配组合，由此来想出新点子，如图4-13所示。拿微波炉举

---

① 三得利株式会社是日本的一家以生产销售啤酒、软饮料为主要业务的老牌企业。——译者注

例的话，就要考虑把微波炉和厨房的水池或餐桌相结合。因此，第三个创造点子的方法就叫作"新组合"。

b. 点子的评选

在创造点子的过程中，重点在于尽量保留产品创意，尽量多出点子。我们平常一进行这类项目，一个主题就会引出两百来个点子。如果每个点子都去开发，那技术阵营肯定要完蛋。所以需要严格选出那些真正优秀的点子。

如上一节所述，这里的评价标准可分为两种。第一种，考虑点子是否符合自家公司的目标函数，即"市场规模是否满足公司目标""是否符合公司方针"。第二种，则是自家公司是否能在竞争中占据优势，即"是否与现有产品过于相似""是否在技术上占据优势"。用"不可能"来否定点子，会助长扼杀点子的情绪，应该尽量避免。

人们曾经认为，人类是不可能登月的。然而事实上，美国富豪只是掏出了一大笔实施经费，也就靠阿波罗计划实现了登月。这个例子也能说明，不可能的情况本该很少有。有的只是成本太高赚不了钱。因此，对于这种点子，需要深入研究到实施方法层面，针对"真的办不到吗""要怎么才能办到"等问题来出点子，如果真的需要太多钱，那就只好否决。就现实情况而言，在进行以上步骤的过程中，有很多企业都想出了靠低成本也能实施的点子，也有可能联想到富有创造性的创意产品。

	煤气炉（炉灶）	水池	餐桌	煤气速热热水器	电饭锅	榨汁机	保温瓶
微波炉	·带炉灶的微波炉		·附带小型二次加热专用微波炉的餐桌	·附加MW加热式热水器的微波炉 ·速热热水器（沏茶专用）	·电饭锅配件		·速热热水器（储水式）
烤箱	·带炉灶和烤箱功能的多功能微波炉		同上	同上	·蒸汽电饭锅配件		同上

图 4-13 微波炉的商品组合化

具体流程如图4-14所示。首先以用户目标函数的满意度为纵轴，以自家公司的目标函数的满意度为横轴来建立图表，把各个产品创意都标注在图表上。假设两个目标函数满意度高的地方就是自家公司追求的战略价值高的点子。

接下来，针对这个战略价值来从竞争角度评价点子。例如，就技术角度考虑，竞争中的技术开发差距可以分成大和小两个方向，我们把这两个方向当成横轴。纵轴我们则取战略价值，把各个点子安排在这个矩阵里。

位于第一象限的点子在竞争中的技术开发差距大，且战略价值高，因此只要产品一问世，竞争对手就很难追得上。靠这个点子会做出非常重要的差别化产品，所以需要下定决心给基础技术开发工作投入资金。第二象限的点子虽然会轻易被对手追上，但战略价值非常巨大，因此可以通过自家公司现有的销售网络、品牌形象等，尽量在综合能力上形成差别化，慎重开发。第三象限是价值比较小的创意商品，如果有余力就可以开发。然而，开发出来就会马上遭到模仿，可能没过多久收益就会恶化，因此需要事先做好准备，收益一旦恶化就立刻撤退。

根据我们的经验，如果能仿照a、b的方法，根据用户目标函数尽量多提出产品创意，再根据自家公司的目标函数的满意度和竞争差别化来精挑细选，就能从两百来个点子里选出两个或三个产品创意，从而进展到具体的开发阶段。

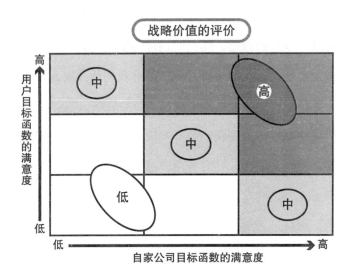

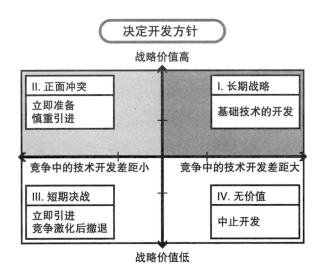

图 4–14　新产品创意的评价

引进战略

通常情况下，产品开发到上述阶段就结束了，怎么把产品投放市场大多是开发结束后的课题。然而，这样可能会导致好不容易开发出的独特产品没能在销售层面得以发挥，因此我们从开发到投放阶段都要坚持一个思路，根据这个思路来制定新产品战略。

制定引进战略时，也要跟产品开发阶段一样，分成提出点子和评选两个步骤来进行。首先，针对各个产品尽可能多地提出职能战略代替方案（点子），这些方案需要上至销售渠道问题，下至价格、生产问题。然后，再从是否契合自家公司的经营资源的角度来评选这些方案。最后，从事业战略角度来考虑，也就是考虑过制作和销售两方面后，选择最优秀的点子跟事业挂钩。

a. 职能战略的制定

我们从制定职能战略出发。这里的出发点也是我们在第一节中讲过的事业战略思路。首先，从用户角度来看，其重点在于，新产品肯定要以特定用户群为对象来开发。因此，在明确对象群及其特性的基础上，需要制定一些能尽量深刻地把新产品的魅力之处传递给用户的概念战略和广告战略。而且，还需要制定一些把新产品尽量有效地推广给对象群的销售战略。其次，重点在于，要基于自家公司情况将职能成本最优化，还需要制订一些创造性代替方案，尤其需要制定包含代理店在内的综合性销售战略、生产战略以及用以支持这些战略的技术开发战略等。

在竞争方面，则需要制定强调自身强项，遮盖自身弱项的职能战略。比方说，考虑到竞争中的价格差距，就需要研究出一套能将利益最大化的价格战略（关于各个战略的详细内容，请各位参考本书其他章节以及《麦肯锡现代经营战略》的内容，例如 PMS[①]、SFM 等）。

至于职能战略的制定，其基础条件也跟产品开发一样，都需要考虑战略三要素，然而光考虑三要素是不够的。制定职能战略的关键在于，要如何大量提出创造性战略代替方案，从中选择最合适的方案。

例如，我们假设存在这样的情况：新产品利用现有渠道销量怎么都上不去。根据我们的经验，这种时候很多企业会以自家公司将搞定一切为前提来思考问题。通常情况下，自家公司如果想凭借一己之力来制造新渠道，就得投入巨额资金。因此多数情况下，要么直接放弃，承认自己搞不定，要么就把问题拿给高层管理者，而高层管理者也只能认为"这事儿搞不定"。

然而，即使在这种情况下，提升战略自由度，多找办法也是很重要的。例如，可以收购其他企业、与其合作；有难得的好点子，就可以用 OEM[②] 试试，还可以给其他公司授权，等等。通过尽量提升可能性，针对各个点子提出职能战略代替方案，有时候也能让以往轻易

---

① 绩效管理体系（Performance Management System）。——译者注

② OEM（Original Equipment Manufacturer）贴牌生产，也译作原始设备制造商。A方看中B方的生产能力，让B方生产A方设计的产品，用A方商标。对B方来说，这叫 OEM。——译者注

就被击溃的事业机会起死回生。

在形象改善方面也是一个道理。名称、包装、主题曲……可以有各种各样的办法来改善形象。比方说，要树立跟以往截然不同的产品形象时，就需要考虑给产品起个新名字。

拿钟表的案例来说，精工制表公司向来都采取高品质形象和高价格战略，这是人们所公认的。然而，电子手表的问世导致手表的市场价格急剧下降。在这种情况下，精工公司如果还用现有形象和现有概念来拿出低价产品，就会一口气抹杀自家公司的强项——高品质、高价格的形象。因此，精工公司引进了新的名称"阿鲁巴"来推广低价手表，保住了自家公司的强项。

像精工公司这样的例子很常见，这些公司无一例外都对新产品实施了彻底的品牌形象战略或引进战略。我们也看过几个因为做不到这点，而没能拿出新产品的例子。这种情况下，很多时候产品策划部门没有制定销售或品牌战略的权利，所以从一开始就放弃了。因此，在策划开发新产品的时候，一定要在公司里构成一套能同时研究引进战略的机制。

b. 职能战略代替方案的评选

我们来评选刚刚得出的那些关于职能战略代替方案的点子。

针对各个产品和各个职能战略，会出现非常多的代替方案。首先，我们需要试着计算一下各个代替方案都需要多少经营资源，然后针对得到的结果来计算能有多少预期收益。顺便把各个替代方案所需的经营资源和自家公司现有的三种经营资源，即人、财、物（技术）进行比较，最后得出结论，例如：某产品太费钱，很难付诸实践；某产品虽然不需要多少钱，但利润也少，方案需要暂时保留等。像这样在考虑自家公司经营资源能力范围的同时，选定投资利润率最高的产品开发和引进方案。

综上所述，可想而知，有了新产品的点子，先不要以"办得到"或"办不到"的判断标准来进行取舍，而是把点子拿到引进战略替代方案的必要资源研究阶段，通过最后的评选让真正的好点子能够活到最后。

在此我们将上述创造性新产品战略的基本思路总结为图 4-15。

理解事业战略的思路，该思路包括用户、自家公司、竞争对手三个要素，我们要把这三个要素应用到新产品战略制定工作中。具体过程如下：首先，充分理解用户需求，尽量扩展思维，提出大量点子。然后，基于是否符合自家公司的需求，能不能在竞争中占据优势地位来精选点子。

最后通常都会剩下两三个优秀的点子，针对这一情况，就需要同样基于事业战略的思路来制定职能战略，在此别太限制员工的思路，尽量以战略替代方案的形式鼓励大家多提点子。然后，从自家公司资源分配的角度出发来进行评选，提取出真正优秀的新产品方案。

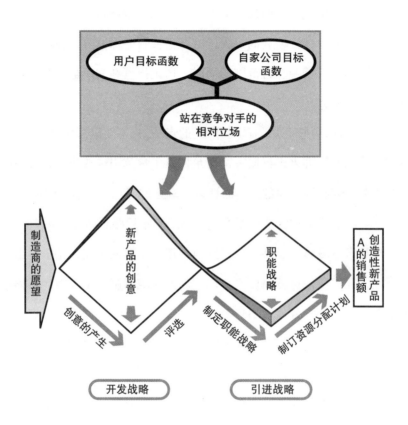

图 4-15　新产品战略体系

三、创造性新产品战略的落实

我们在第二节中详细讲述了创造性新产品战略流程，然而并不是单纯根据步骤一步步来就能在全公司范围内实施该战略的。我们展示给大家的只是基本的思路，说到实施，还要牵扯到一些具体方法的知识，例如用户的看法、分析方式，或是提出创意的方法。此外，在推进方法上，也要配合不同的产业和企业来进行细微调整。而且，新产品的创意越是独特，就跟现有事业差得越远，一时半会儿很难为组织所接受。

因此，要有效引进新产品战略流程，就需要采取绩效主义，一步步取得成效，分阶段把战略推广到整个公司。

持续取得成效的同时推广到整个公司

说到典型的引进方法，首先选择一项事业，把上文所说的新产品战略的方法应用到这项事业中。如果这项事业的新产品战略完成了，我们就以此为参考在公司内进行普及，同时移植到其他事业去。只有在全公司范围内循环实施这一流程，花上三到四年的时间来细致剖析该方法以后，战略才能作为体系得到落实。

推广也是一样，光做个计划放着是没法如期推进的。因此就需要一个强大的母体。这个推进母体需要是一个能够在充分理解制造商和用户目标函数的基础上，推进新产品战略制定工作的人。也就是说，分析、产品规格、竞争分析、销售网络、服务、广告、宣传，等等，都得由知识面非常广、能力非常全面的人去干，不然就无法实现真正意义上的综合性新产品战略。决定了作为推进母体的新产品负责人之后，就要往这方面集中积累诀窍，让新产品负责人来当老师，在公司内普及推广方法。再让该负责人时刻留意市场和产业界，看有没有新产品出场的机会，这样就能获得更好的效果。

只要按照以上所说的方法去做，就能在公司内部大体落实新产品战略流程。然而，如果在创造性成为企业文化之前就停止对公司内部深入普及新产品开发思路的话，是不会得到多大效果的。换句话说，不就成了"画龙不点睛"了吗？要想让创造性成为企业文化，关键是要在公司内部营造出一种重视自主性的气氛，即尊重新事物，自行开发新产品。为此，即使压抑一部分为了维持现有事业而做出的追求效率的行为——严格的管理行为，也要对自主性给予奖励。这样一来，不就能从制度、高层管理者的领导能力、组织层面出发，干成各种各样的事儿了吗？

在制度层面上下功夫

就制度层面而言，我们需要想办法激发负责人的干劲。例如，直接评价要把新产品引进到什么程度，引进多少，这也是一个办法。应该有很多人知道美国的 3M 公司吧，3M 公司以独特的新产品创意而著名，这家公司一直把"5 年内开发的新产品起码要占当年营业额的 25%"当作基准来评价事业。只评价营业额和利润，容易渐渐倾向短期视角，重视现有产品。针对这种情况，我们还需要通过直接评价新商品来营造出一种使负责人自身不得不具备长期视角的环境。

另外，会计制度方面也存在着问题：自己事业挣到的钱全都要上交给总公司，因此也就完全没有动力去拼命开发新产品，创造新收益。针对这个问题的解决方案，就是事先建立好制度，能让会计部门拿出一部分赚到的钱给自己部门自由使用。拿日本制造商来说，这就相当于松下的事业部制会计体制。这种方式有些地方在某种意义上跟 PPM① 这种追求效率的经营模式（由全公司一起来决定每项事业的先后顺序并分配资金）截然相反。然而，就算部门擅自把一部分资金用

① 产品组合管理（Product Portfolio Management）。——译者注

在了自己的事业上，只要能借此给了他们开发新产品的动机，到头来可能反而会更有效率一些。

在制度层面上要下的第三个功夫，就是开发批准制度。美国 TI[①]公司因其电子制造商的身份而享誉盛名，该公司一直基于新产品的重要性来热烈激励鼓舞职员，让员工"尽量向上司多提新产品的点子"，事实上效果却不怎么理想。之所以会这样，也是因为员工不能保证点子能有成果，自己对点子也没有十足的把握，贸然对上司提出这种点子，很可能会遭到否定——"这玩意儿一点儿用也没有"，风险太大了。因此，不管上面再怎么奖励，也不会得到理想的效果。

因此 TI 公司单独编制了一个从直线型组织结构完全独立出来的138 人的社群，批准他们可以凭自己的判断动手实验开发新点子。员工如果有了好点子，就可以去找自己喜欢的社群成员一对一商量。人们都说，TI 凭借这个新制度达到了让员工不断提出点子的目的。通过以上措施，就可以取消直线型组织结构对开发批准权利的独占地位，从而营造出一种让员工能够自由进行尝试的环境。3M 也采用了这种方法，并取得了成效。

高层管理者的领导能力

对于灵活运用制度来激发员工动力而言，高层管理者的领导能力

① 美国德州仪器公司（Texas Instruments，简称 TI），是世界上最大的模拟电路技术部件制造商，半导体方面全球领先的跨国公司。——译者注

也是很重要的。特别是高层管理者对于好点子的鼓励支持，在多数情况下都将越来越重要。今天，放眼那些日本公认有创造性的企业，其中有创业型经营者的企业还是占多数。可想而知，这些企业会具备创造力，是因为这些经营者出于自身的责任，支持着困难的新产品开发工作。

新产品战略流程固定下来需要花上四五年。高层管理者一开始可能很用心，不过很快就会忘了这回事，所以要把战略流程固定下来很困难。对高层管理者而言，在流程固定之前要一直耐心监督，这也是高层管理者的重要职责。

组织的灵活性

虽然放在最后来讲，但对于指定优秀的新产品战略来说，组织的灵活性也是非常重要的一个因素。开发新产品跟发展现有事业还是存在差别的，这一点我们在接触过的不少企业身上都深有体会。况且，要开发引进优秀的新产品，就必须聚集一群经验丰富的人才，这些人必须充分了解从制造到销售各个领域的现有事业。多数情况下，我们需要脱离现有事业来制定项目。然而，那些很难拿出好点子的企业都有一个通病，就是最好的人才不想参与远离现场的项目。因此项目怎么都做不起来，难得做了起来，也会因为没有专家而做不出优秀的新产品战略。

相反地，那些因其独特创意而著名的企业都在这点上迅速做出了应对措施。据说在电子计算器、微波炉等产品领域领导着整个业界的夏普公司，就赋予了其第一项目的领导金徽章——这是只有总经理才能佩戴的徽章。这样一来，该项目就能优先使用公司内的人才，切实收集到必要的人才。可想而知，正是这种对于新产品开发的优先资源分配措施一直在支持着夏普陆续不断地引进独创性新产品开发项目。

在上文中，我们谈论了用于推进新产品开发的自主性奖励制度。这些措施逐一实施是没有太大效果的。只有综合推进这几条对策，才能让创造性成为企业文化。

本章提出了用于持久开发独特新产品的创造性新产品战略体系。

难以开发独特新产品，不易发挥创造性的原因大体上可以总结为以下三点。第一，受太想保护现有事业，过度追求效率的企业文化所害。第二，产品开发的方向在事业战略上来说不合适。第三，制作人员和销售人员间沟通不畅，新产品的特征未能得到发挥。

因此，想要真正开发出创造性新产品，就要针对各个问题来采取解决对策。首先，把创造点子的步骤和评选点子的步骤分离开来，保护点子不被扼杀，尽量多创造点子。其次，基于事业战略思路，根据对用户目标函数的理解来出点子，然后基于能否满足自家公司目标函数（例如能否赚钱，在竞争中能否占据优势地位）等指标来评价点子。最后，开发和投放市场阶段都要坚持一个思路来制定战略。

想要把上面总结出的三个方法在公司内加以实施，首先就需要用新产品战略流程取得实际成绩，同时普及到整个公司。其次则需要在公司内营造出重视自主性的氛围，这样应该就会获得更好的效果。高层管理者的领导能力也很重要，还需要改善制度，便于在公司内形成自由的气氛。最后在组织层面上，则需要组织具备灵活性，能让真正优秀的人才随时加入新产品开发项目。

如果落实了以上所说的体系和体制性改革，想必不久后，创造性就会成为企业的文化，企业也就能把优秀的新产品源源不断地送往市场。

千种忠昭

四、美国经济社会的走向

麦肯锡公司的顾问活动涉及世界各国，即使在欧洲，我们也一直在进行规模可与美国相匹敌的顾问活动。不过在这里，我想特别针对日本（特别是日本产业界高管人士）所关心的美国经济社会走向，来谈谈我的感受。

我的论点可总结为以下三点。

第一点，美国终于开始反思以往的经营管理手法，开始着手对其进行重建工作了。这一举动也可以看成是受日本经济显著成长的刺激所致。

第二点，由卡特[①]前总统提出，现在也被普遍使用的"美国基础

___

① 詹姆斯·厄尔·卡特（James Earl Carter），习惯称吉米·卡特（Jimmy Carter），1977 年任美国第 39 任总统。——译者注

产业的重生"（Re industrialization of the UnitedStates）^①口号只是没有实体的虚像，完全不现实。

第三点，即使是以大量出口产业为中心而号称全盛状态的日本，想必今后也会在尖端技术产业、知识产业领域受到美国企业非常强烈的冲击。也就是说，这些产业将会在本世纪今后的二十年间成为缔造先进工业国的经济根基的关键。而且，可想而知，日本企业在这些领域很难像在钢铁、汽车、造船、家电产品等领域那样，达到称霸世界的地位。

下面我们再来详细分析一下以上各点。

经营管理手法的反思

首先针对第一点，最近有越来越多的人批评美国，说从美国经济成长率比日本还低（不久之前已经比德国还低了），通货膨胀严重，生产力基本陷入停滞状态等状况来看，美国传统经营管理手法肯定有问题。于是，美国上上下下就开展了热烈讨论：美国整体竞争力一路下滑，到底是哪儿搞错了？是什么导致的？

就美国人关于美国竞争力低下做出的自我分析而言，我认为哈佛商学院教授罗伯特·海斯和威廉·艾伯纳西所作的论文或许最为中肯。论文标题很是讽刺——《经济衰退的经营对策》（*Managing Our Way*

---

① 英文意为美国的再工业化。——译者注

to Economic Decline），刊登在 1980 年夏天的《哈佛商业评论》杂志上。这篇论文的内容暗示了很多东西，希望关心美国经济社会今后动向的日本高层管理者一定要看上一看。

海斯和艾伯纳西的论文中有几点严重批判了美国的经营管理手法。

例如：

（一）把心思几乎都放在维持过去打造的市场上，而不怎么注重创造新市场。

（二）就算牺牲长期技术优势，也要获得短期收益。

（三）太注重财务管理，导致警戒心太强，还容易分析过头。

（四）模仿远远大于革新。

（五）往领导层安排了太多不够熟悉直线型组织结构的法务和财务专家。

诸如此类。

这篇论文同时也指出，责任一方面在美国经济学院一直以来所实行的管理教育做法上，另一方面，美国股票市场和证券分析师的现状也是令企业以短期收益为指向的潜在原因。我们没必要全面吸收海斯和艾伯纳西的论点，但他们相当准确地认清了现状，因此我们不能无视这些论点。

除此之外，最近还出版了两本书，这两本书我也想向各位日本高管人士推荐一下。

一本书名是《理论 Z：美国企业如何能满足日本的挑战》（Theory Z: How American Business can meet the Japanese challenge），作者是前斯

坦福商学院副教授，现 UCLA[①] 教授威廉·大内先生。另一本是哈佛大学的安东尼·阿多斯教授和斯坦福大学的理查德·帕斯卡尔教授合著的《日本管理的艺术》（*The Art of Japanese Management*）。这本书详细比较了 ITT[②] 和松下电器的经营管理手法。

这两本书都极为详细地评价和批判了美国企业的人事管理制度。书中强调，优良企业指的是基于一定的哲学和价值观从事企业经营活动，全公司员工拥有共同的企业目的和贯彻始终的价值观，自主进行运营活动。

可想而知，这两本书和海斯、艾伯纳西两位教授的论文将会给经营管理领域的研究带来重大影响，甚至会最终改变美国经济学院的课程。要清楚看到这种影响所带来的变化虽然还需一段时日，但我认为，这些变化将会带来巨大且意义深刻的效果。

并非只有经济学院和学术界开始注意到美国这种经营管理手法的盲点，就连议会、普通报刊和知识分子，甚至商人、经营者也渐渐开始批判这种手法。

1981 年 4 月中旬，一档叫作"日本为何能把美国的点子用得比美国还好"的电视节目播出了。这档节目由 ABC 广播制作，在周六傍晚黄金时间播出，时长一小时。其内容非常精炼，强烈批判了美国经

---

① 加利福尼亚大学洛杉矶分校（University of California, Los Angeles，简称为 UCLA）。——译者注

② 国际电话电报公司（International Telephone and Telegraph Corporation，简称为 ITT）。——译者注

营管理的现状。美国目前自我反省的趋势越来越强，此类报道不胜枚举。可想而知，这种动向今后还会持续下去。

于是，美国各界越来越倾向于反思以往的经营管理方法，以往管理方法的弊病之处也就渐渐水落石出了。然而，就算知道了哪里有问题，一说到答案，也就是改善方案，人们还是找不到能够立即实行的好方法。因为这种美国所含有的缺陷，其根本问题还是出在制度上，已经根深蒂固了。

话虽如此，美国也向着改革的方向踏出了一步，已经不能回头了。今后想必美国对管理人员的教育方式，对工会新人干部的培训方式也将逐渐改变。于是，我期待这些意识能够形成一股潮流，在今后的十年间大大改变美国企业对事业的思考方式。例如，企业会把经营目标设定得更长远一些，技术开发本身也会再次成为提高企业竞争力的一种重要手段，得到人们的高度重视。

美国基础产业有可能重生吗

至于第二点，也就是"美国基础产业的重生"的想法，我认为并不怎么现实。也就是说，有些人多数是出于政治性目的，才一直用着这句话，至少从政治家们所说的话来判断，只能认为希望很渺茫。

当然，我也不是在这里预测美国重工业的末日。不管克莱斯勒[①]

① 美国著名汽车公司，同时也是美国三大汽车公司之一。——译者注

公司最后如何，想必美国汽车产业今后仍将继续生存下去，钢铁产业也不可能消亡。可想而知，出于国家的安全保障和就业问题这种政治上的考虑，这些产业还会长久存活下去。

然而基于我个人的观点，从长远角度来看，美国重工业很难重新打造十足的竞争力，恐怕美国不可能再在钢铁、汽车、橡胶、造船等产业领域恢复世界领先地位了。

这是因为，从美国的目前经济结构来看，除去化学和能源产业，要往基础重工业新增巨额投资首先就是不可能的，这话毫不夸张。对基础产业的投资力度足以使产业生存下去，然而想在世界范围内具备竞争力的话，那这个力度还是太小了。

我会这么说是因为，美国所需的重大改革，不管从经济上还是从技术上来说都缺乏可行性。也就是说，美国劳动力成本高，基础产业在技术上又不是十分出类拔萃，而且，就算为了改正这些不利条件而投资，也不见得就能收回多少成本。除去战争，我没法为这类投资想到其他正当的理由。再加上美国人普遍相信，基础产业里有很多企业正在逐渐从先进工业国往赫尔曼·卡恩[1]所说的 NIC（新兴工业化国家即墨西哥、韩国、巴西这种次先进工业国）转移。

以上是经济方面的主要原因，再加上美国是多种族国家，多种价值观并存，像这种国家即使出台了明确的产业政策，也不可能马上把改革落到实处。即使提出了"美国基础产业的重生"，经济原理本身

[1] 美国物理学家、数学家、未来学家。——译者注

还是很不讲人情的，美国不可能再靠基础重工业在世界经济中占据支配性地位。可想而知，美国的重点领域和竞争力今后多半会逐渐转移到其他部门。由此就要提到我思考的第三点了。

美国在尖端技术产业上的攻势

试想世界在今后十年的竞争状态，可以推断出，已经取得成功的主要先进工业国的经济发展方向会呈现两极分化，然后再渐渐聚拢。这两个方向就是尖端技术产业和服务产业。

缺乏流动性的服务产业是否能成为世界竞争的战场还不好说，然而在尖端技术领域，特别是包含基本的微处理器技术的计算机和通信领域，肯定会掀起一场全球性的激烈大战。这里所说的尖端技术领域也包括生命科学、医药品等。

日本企业已经在这些领域具备了惊人的竞争力，相对而言，美国企业想必也会采取强力有效的反击措施。虽然日本已经在钢铁、汽车、造船、电气产品等领域取得了成功，但绝不能松懈轻敌，认为在这种新兴知识集约型尖端产业领域的仗就很好打。

美国的重工业是成熟的产业，因此经营者态度消极，缺乏迅速应对的措施，自我导向倾向强，就企业人才和手段来说，也没有在美国经济社会享有高声誉的人才。另外，美国的尖端技术产业领域聚集了很多年轻积极的创业型人才（总经理、技术人员、管理人员），金融机构也支持这些产业发展，企业容易筹措到巨额资金。

如今拿美国的优秀企业来说，榜上有名的也是 IBM、惠普、德州仪器这样的高科技企业。不过可想而知，像通用和 3M 这样的老牌企业，今后也会追求技术革新，基于尖端技术力量开展战略，增加自身的竞争力。

这么来看的话，我认为通用最近会选杰克·韦尔奇当他们的新总经理，一定有着重要的意义。可以说，他代表的是年轻、有竞争意识、而且懂得先进技术的新一代经营者，可想而知，这种经营者今后在美国的大型企业中将越来越多。此外，金融业方面也开始采用跟以往的经营者类型截然不同的人来当银行总裁，就像摩根大通银行的比尔·布彻那样，比前任的大卫·洛克菲勒年轻得多，竞争意识也更强。

由尖端技术产业和服务产业呈现出的这种趋势可知，从竞争状态的角度来看，往后的十年会变得非常有意思。这不光是一场日本对美国的国与国的较量，部分拥有先进技术的欧洲企业也会具备参赛资格，成为重要的"参赛者"，一场有趣的战斗即将展开。

也就是说，未来十年内的战争和 20 世纪 70 年代的战争截然不同，企业的速度要更快，战况也将更激烈。并且，相较于国与国之间的战争，其性质正倾向于优秀企业之间的战争，而且战争将在整个世界范围内展开。换句话说，可以把这场战争看成是一场在各国精英企业间进行的较量。

麦肯锡公司总经理 罗纳尔多·丹尼尔

罗纳尔多·丹尼尔（D.Ronald Daniel）

毕业于卫斯理大学，哈佛商学院 MBA 硕士。曾在美国从事大规模计算机引进和设置业务，后进入麦肯锡公司。在众多产业领域（主要围绕石油和化学）从事了 20 年以上的顾问活动，尤其着力于战略、企业内部推广、高层管理者组织开发等问题，给美国产业界提出了方方面面的策略。时任麦肯锡公司总经理。

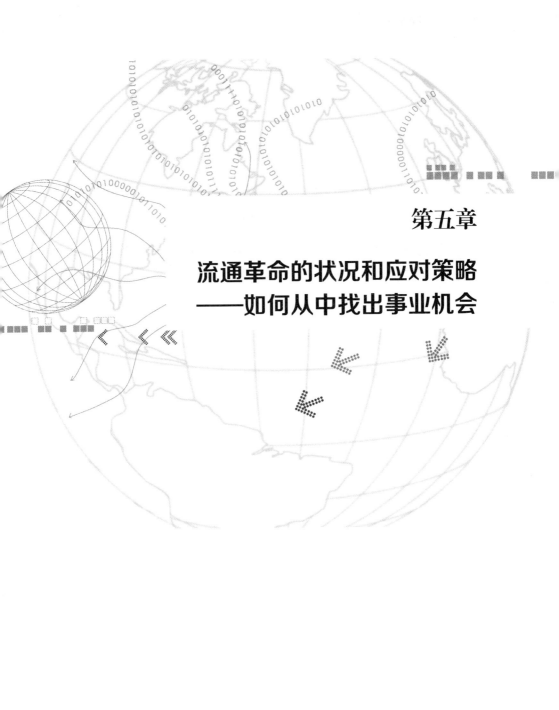

第五章

流通革命的状况和应对策略
——如何从中找出事业机会

　　伴随着市场的成熟化，以缩减渠道成本为目标的流通革命日趋明显。以往人们都用一种狭义的形式来理解流通革命，他们认为，流通革命就是超市和制造商在部分消费品上的对立。然而，如今在消费品、生产资料、服务业等所有业界都开始出现流通革命的征兆，对企业高层管理者而言，流通革命也在渐渐成为一个重要的经营课题。本章将对各行各业流通革命的现状及各企业的应对方案加以分析研究。

一、市场成熟化和流通革命

市场的成熟程度和流通革命的进程有着密切的关系，可想而知，今后日本市场的成熟化会进一步加速流通革命的发展。

企业眼中的流通革命：第一，源自伴随市场成熟化而导致的市场价格的低迷。也就是说，在成熟市场条件下，供求不平衡，长期供大于求，结果就导致实际销售价格低迷。为了应对上述市场经济恶化，各制造商就不得不降低成本（包括流通成本）。

第二，在成熟市场条件下，企业成长的原始资本来源于市场份额的增大，所以在增强开发能力的同时，也一定要提升成本竞争力。除去间接业务等部分成本，制造商本身的内部成本削减能力也有限度，因此就不得不去努力削减那些以往没能涉及过的流通层面的成本。另外，流通产业也会在成长速度放缓的背景条件下，为了实现低成本化以及与其他企业的差别化而创造出新的销售形态，而最终这种形态将成为流通革命的原动力。

用户方面，也会呼应企业展开的流通革命的潮流而有所变化。

第一个变化就是追求最低流动成本（Lowest Delivered Cost，LDC）。在成熟市场中争夺份额，结果就会导致制造商和流通产业的成本竞争激化，加速用户本身对价格的需求。例如，拿消费品领域来说，就有彻底削减成本，低价出售产品的低成本店铺，以及省去不必要的功能，只给消费者提供能满足最低需求的商品的通用品牌等。生产资料方面，对难以造成差别化的产品（通用柴油引擎、电动马达、材料、零件、半导体等）来说，哪家制造商先能实现 LDC，哪家制造商就能占据有利地位。

第二个变化就是需求出现了多样化——比起追求价格，人们更注重产品价值。例如，相对于低成本店铺而言，有重视商品种类的大型专卖店、精品商品，它们就属于这类变化的产物。生产资料方面则出现了工业机器人、工作机器、模具等行业，这些行业能够配合用户的多样化需求来获得订单。对这些事业来说，成功的关键在于要采取不易被竞争对手模仿的长远的差别化战略。

这两大变化最后会导致中间领域逐渐消失，这一现象我们在各行各业也已经有所经历。举个稍微早点的例子，圆珠笔市场曾经出现过两极分化现象，一种是 30 日元左右的圆珠笔，一种是不低于 3000 日元的高级圆珠笔，而原来在 1000 日元左右的圆珠笔市场就缩小了。

在很多行业里都可以见到同样的两极分化现象，可见非要给今后的趋势下个定论的话，LDC 将会逐渐成为主流。

也就是说，只有在企业提供给用户的价值能够大幅超越用户对价格的需求时，企业才能以多样化为方向发展。因为这样做普遍会导致事业规模要小于 LDC 市场。因此企业必须要具备不必追求规模的企业理念，具备足以创造出用户认同的价值的独特实力，在此基础上才能采取差别化战略。

以上所说的现象，很久以前在美国就很明显了，1960 年，市场开始成熟化，这时流通革命已经以各种形式在各处掀起了，而流通革命导致了如今市场的巨变，其现象体现为制造商的直销化和弱小零售业的消失等。对迎来了市场成熟化的日本企业而言，流通革命是一个无法回避的重要经营课题。

二、消费品领域的流通革命

日本的流通革命尤其体现在消费品方面。第一个原因就是消费品比生产资料的流通附加价值大。因此想要在消费品上追求成本，就不得不从流通部门着手。与此同时，大型连锁店和折扣店等依靠批量销售的势力也逐渐抬头，这些销售企业就成了推动流通革命的动力。

放眼零售行业的动向，消费品领域的流通革命可以大致分为以下4个领域（图5-1）。

第一，要说的就是新低成本销售形态。也就是说倾向于尽量降低销售方式本身的成本。典型例子包括淀桥相机、Megane Drug 等所谓的折扣店，然而这些都是靠彻底削减商品成本，便宜卖给消费者来聚集人气的店铺。另外还有鲫鱼经营法 ①。这个方法听上去虽然不怎么

---

① 在能聚集人气的店铺和观光设施等周边从事营业活动，就像吸附在大鱼身上的鲫鱼一样。——译者注

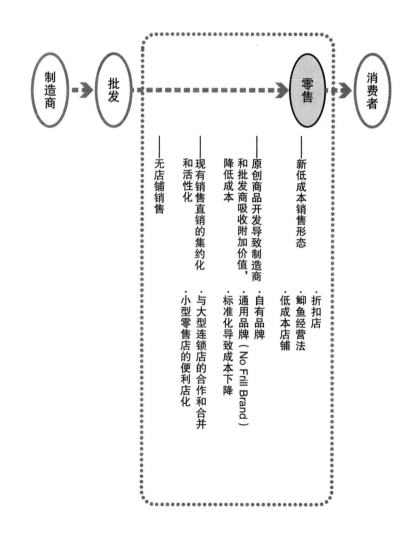

图 5-1 流通革命的新动向——消费品

好听，但在大型超市或百货公司旁边开店，就能有效率地招揽这些商店的顾客。而且限定了商品品种和热门商品，就能排除一切不合理的成本，通过低价格来提高销量。其次，从格子铺的例子可以看出，我们也可以清除店铺本身固有形象，只保留那些最基础的功能来卖出商品，在其他方面实施彻底的低成本化。

第二，现有迹象表明，零售业也开始着手于制造商以往从事的商品开发工作，用独有的方法提供低成本商品。零售业也倾向于开发带有自家商标的自有品牌（PB）[①]，或是连品牌本身都省略了，只靠店铺信用来销售商品，同时还有像通用品牌（缩写为GB[②]，也称无品牌）这样去除商品本身多余的功能，降低商品的价格等例子。与此同时，零售业主也开始取代制造商来标准化那些以往大多没有标准化的产品，其案例可以参考恩瓦德、都本、罗伯特等男士成衣品牌。

第三，通货膨胀环境下，店铺和不动产等固定投资高涨，企业出现活化现有店铺，缩减销售成本的倾向。就像大荣和优尼帝为了集约化店铺，追求规模效益而合作一样。另外也有企业（例如711）注意到小型零售店渐渐夺取了大企业的地盘，于是就灵活运用这些小型零售店的空间，把店铺改造成功能焕然一新的便利店，有效应用固定投资。

此外，人们也在重新审视下面的倾向：有些企业不想让固定投资因通货膨胀而拉高经费，所以就不借助店铺来卖东西，而采取无店铺销售的方法。

---

① Private Brand 的缩写。——译者注
② Generic Brand 的缩写。——译者注

虽说以上倾向需要我们细细琢磨，但在这里我们只讨论几个具有代表性的倾向。

折扣店的加入

首先，就折扣店的情况来看（图 5-2），淀桥相机、Rogers Bowl、Eye World、Megane Drug 等商店都在 1975 年前后开始火速发展。很明显，这种势头不亚于大荣、西友、伊藤洋华堂等大型连锁店在 1957 年、1958 年的急速发展盛况。

从产品角度来看折扣店的加入情况，其加入的领域有两类，一类是相机、家电产品、钟表、男用服饰、高尔夫用品等单价高的商品，而另一类是妇女儿童服装、眼镜、医药品等单价稍微便宜一些，但流通差价大的商品。从这点上可以推测出，家具、鞋、体育用品迟早会被折扣店纳入囊中。就拿家电来说，以往批发店的份额最多也就占市场的 8%，而现在几乎能占到 20%～25%。而且增加倾向也在稳步提升，想必以往的家电领域只要不采用根本性解决方案，这一现象就无法被逆转。

这些折扣店到底是以怎样的基础来运营的呢？首先，折扣店可以在进货层面上做到彻底合理化。也就是说，大幅削减批发商的间接渠道，通过大量进货来试图实现进货的合理化。

例如，我们来比较一下大型百货商店和折扣店在进口眼镜上的差距（图 5-3）。在百货店要花 35,000 日元买的眼镜，在折扣店只需要

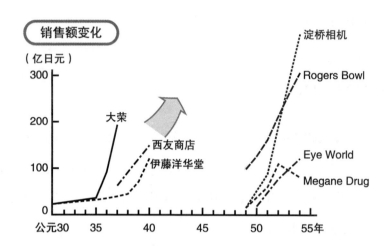

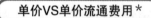

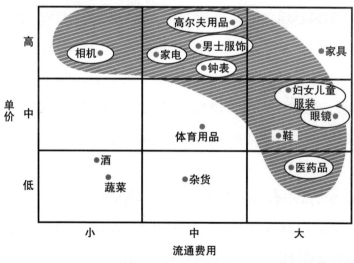

图 5-2　折扣店的情况

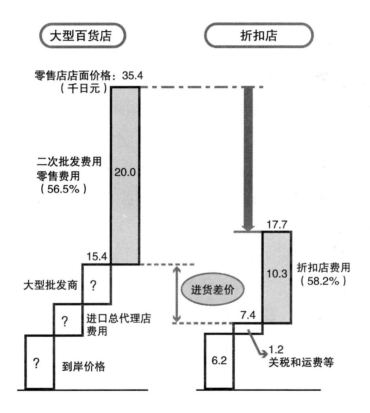

图 5-3　进口眼镜的成本结构

用 17,000 日元左右就能买到，价钱约是百货店的一半。为什么能卖得这么便宜呢？原因之一，两店在进货价格上有大幅的差距。一般情况下，进口产品时，中间要经过进口总代理店以及大型贸易公司，而折扣店直接从香港地区平行进口，把多余的差价全都砍掉了，结果进货价格就成了原来的一半。与此同时，折扣店还把将近两万日元的二次批发差价和零售差价彻底削减成了自己的一万日元的毛利润。

而且，折扣店还对内部经费彻底进行了削减，使得这种毛利润体系都能有收益。就连普遍被认为成本很低的大型连锁店，其平均成本也要 18%，因此毛利润必须超过 20%，不然店铺就经营不下去了，然而折扣店经费就算高的时候也只在 10% 左右，靠这些经费店铺就能经营下去（图 5-4）。

顺带一提，在相机销售行业，拿单镜头相机来说，据说光淀桥相机一家卖出的数量就占整个关东市场的三成。由此可以看出，折扣店已经成了一股能改变整个行业流向的巨大势力，现有店铺要想跟这些折扣店抗衡，必须提升在采购和物流等方面的技巧，彻底削减经费。

下面我们来谈谈彻底降低成本的一个典型店铺例子——格子铺。过去的百货商场和大型超市通常都会把店面装饰得非常豪华。而格子铺着眼于这一点，把店铺本身做成仓库样式，柜台也采用木制柜台，没有陈列商品的架子，而是直接把搬运用的纸箱打开堆在架子上。此外，销售人员方面也只设置一位收银员，商品也没有价签。这样一来，就做到了彻底的合理化，形成一种能够以比折扣店还低的价格向顾客提供商品的模式。

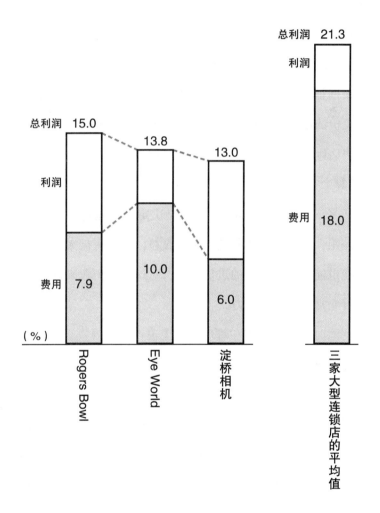

图 5-4 销售额和费用的对比

零售业同行间的合作与合并

零售业采用以上方法彻底降低新增店铺成本的同时，也在跟其他同行稳步进行合作和合并，以有效应用投资。这种合作跟合并行为所追求的第一点目标，就是进货层面的合理化。

如果推算一下大型超市、中小型超市，或是普通零售店之间存在着多少差价的话，那么大型和中小型超市间大概有3%～8%的差价，普通零售店则有8%～13%的差价。当然，这个数值也取决于产品和企业，但算上销售回报，也就是回扣的话，那么事实上差距就非常大了。对零售店来说，这3%～8%的差价是决定性的差距，如果能好好消除这一差距，就能从很大程度上改善收益。那些将被大企业吸收合并的小企业也能利用大企业的进货能力，对这些小企业来说，这个条件无疑有着非常巨大的吸引力。

与此同时，销售费用和管理费用上也存在着规模经济（Economic Of Scale，EOF）。例如，如果我们一边取营业额，另一边取销售管理费用除以营业额的比例，则会发现规模越大，销售管理费越便宜（图5-5）。因此，经费结构高的中小企业和中等企业才会联合起来，通过增加总交易额来减轻每件商品销售管理费用的负担。在这种意义上讲，我们必须把零售业同行间的合作合并视为符合自由主义社会经济原则的行为，一个不可逆转的过程。

原先在第二产业中，也有过小规模经营制造商（日本独特的商业资本）被大型制造商（工业资本）陆续淘汰的例子。这种现象如今接连发生在第三产业，尤其是流通和零售行业。可见只要用户追求价廉物美，就没法阻止零售业合作、合并的倾向。

也有人认为，如果企业都采用大型超市的模式，就能消除竞争，用户也就没有了选择权。然而第二产业也没有因为只有几家寡头企业（建设机械、化妆品、啤酒、半导体、家电等），竞争就不存在了。甚至可以说，目前因为企业集中而带来了更大的效益。

无店铺销售

上述内容毕竟是以店铺为前提来考虑的，而由于店铺本身固定费用负担的增加，企业最近也开始重新考虑不借助店铺来售卖产品，也就是采用无店铺销售的模式。像是目录销售、上门推销都属于无店铺销售的一种形态。

原来无店铺销售曾经兴起过一阵子，然而那时候已经进入了反省期，曾经有一段时期人们认为像大型连锁店那样，通过大型商店来聚集人气、销售产品会比较省钱。然而近年来状况又发生了变化。例如，五家大型连锁店的店铺平均固定成本现在是15%，而从缝纫机、化妆品，或是杂货的推销成绩来看，销售额除以经费的比例分别是10%、6%、2%。由此可知，比起大型连锁店，无店铺销售成本更低。

那些以往企业出于固定观念觉得很便宜的销售方法，之后却因为环境的变化成了昂贵的渠道。这种反转现象随处可见。

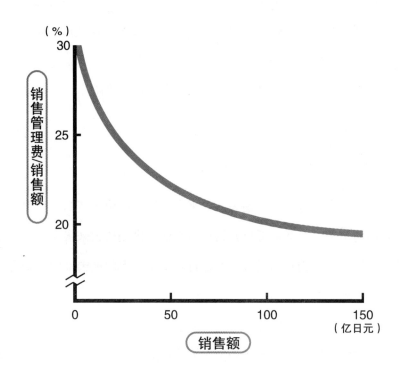

图 5-5　零售业销售管理费（按规模分类）

零售业的低成本商品开发

不仅在店铺上下功夫，零售店还逐渐积极参与到了商品的开发工作之中（图5-6）。例如，从低成本商品的开发情况来看，大型连锁店的自有品牌（PB）、无品牌比例最多的时候占到了将近20%的比重。

这对消费者来说，又有多大的好处呢？例如就拿一百克蛋黄酱来算，像丘比这样的日本国产品牌（NB①）的厂家建议零售价是72日元，而同样的商品拿到大型连锁店去卖，就要便宜大概10日元，也就是62日元左右。换成超市自营品牌（SB②），也就是冠上大型连锁店自家牌子的蛋黄酱就是53日元，而无品牌蛋黄酱就是45日元。也就是说，试着算一算就可以得出：消费者每买一百克蛋黄酱，就给制造商的品牌付了27日元，如果不追求品牌，结果就能以6折左右的价格买到蛋黄酱。

在经济观念先进的消费者看来，这种选择会给他们带来非常大的好处。根据有价证券报告上写的制造商的制造成本来看，有很多消费品领域的行业，其制造成本还不到销售额的一半，这就成了流通革命的温床。

① 全称是 national brand。——译者注
② 全称是 store brand。——译者注

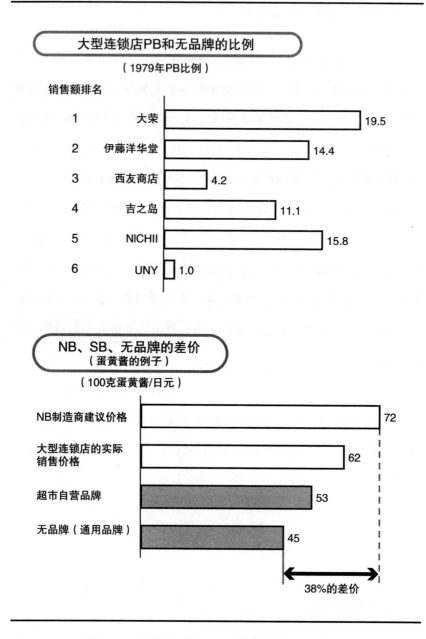

图 5–6　零售店参与到了商品的开发工作中

批发商和制造商发起的流通革命

虽然批发商和制造商没有零售业那么显著，但也显示出了推进流通革命的倾向（图 5-7）。批发商的动向表现为大型批发商为提升与制造商的交涉能力而发起的小规模批发的联营化，以及大型地区批发商的合作销售等。而且零售店的特许经营化，巧妙运用了报纸夹带广告的闲置交易等都是批发商往零售商垂直整合的例子。

反观制造商这边，则是以削减销售固定费用为目的，跟其他行业展开合作。例如，通用和丰田通过合作销售避免了在销售方面的重复投资。这就好比把胶卷和胶带通过同一个渠道来销售一样，过去完全沾不上边的两个行业的制造商联合在一起，来削减固定费用所带来的负担。而且我们还能看出，制造商正在通过实现批发联营化、整合重组销售公司来削减渠道成本。

想必这种把和流通有关的所有成员全部卷入的大范围革命，在今后还会继续进行下去。就算能一时延缓它的步伐，也无法阻止它继续前进。这是因为，即使同行间想试图通过合作来予以阻拦，也无法阻止来自其他行业和对岸（对制造商而言就是零售业等行业）的追击。

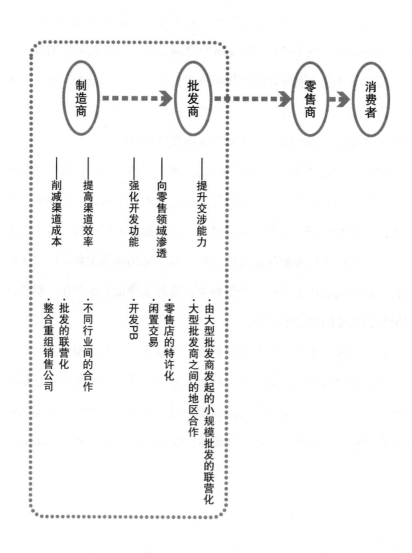

图 5-7　批发商和制造商对流通革命的推进

三、生产资料和服务业领域的流通革命

制造商的直销化倾向

虽然没有消费品那么显眼，但生产资料领域也在稳步进行着流通革命，这一点主要体现为制造商的直销化倾向。考虑到生产资料的特性，跟消费品相比，其用户数量和产品种类都非常少。就这种情况而言，可见生产资料本来就更适合当一座把用户和制造商直接联系起来的桥梁。事实上，我们仔细观察的话，会发现绝大部分行业在实现供应商对用户的直销，而这种趋势正在年复一年不断增强。

这种直销化的动向多见于高收益制造商（图 5-8）。这里提取了约 90 家生产资料制造商作为样本，如果我们取收益性当横轴，取销售形态当纵轴，那么很明显，收益性高的制造商要比收益性低的制造商直销程度大。高收益制造商里有约七成在进行直销，而收益性低的

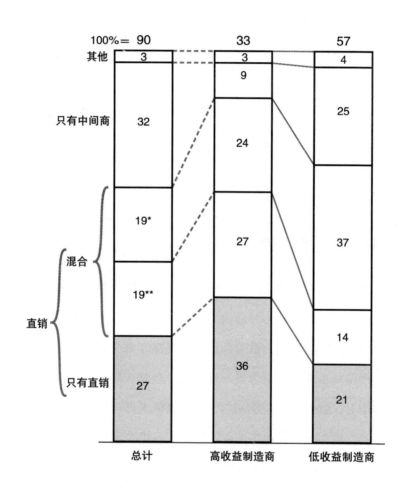

* ——完全混合
** ——主力产品采用直销，其他产品则通过中间商

图 5-8 生产资料制造商的流通结构（1981 年）

制造商里则只有三成在进行直销。

直销化的例子不胜枚举，例如造纸行业里的大王造纸，就跟以往的造纸行业唱反调，采用直营代理店的模式来销售报纸用纸。与此同时，大王造纸还设立了计划，在日本全国范围内设立了自己的流通基地，在以往市场份额几乎不怎么变动的报纸行业中大幅扩大了份额。

做电动工具的牧田公司也采用直销渠道销售产品，面向代理店只对回收货款等极少数金融功能支付对账费用，由此来彻底缩减差价。此外，还有相当多的企业利用安排推销员来推销直销等手段（电话制造商还采取发推广邮件的手段）来直接把产品销售给用户。染料领域则有一家叫纪和的制造商，在特殊染料领域也不按照以往的常理（通过中间商）出牌，突然采用了直接面向最终用户销售的模式。此外，出版界也有学研出版公司的例子，该公司摒弃了以往复杂的书本销售渠道，取得了成功。

迄今为止，这股直销化的浪潮主要围绕新加入市场的公司、后加入市场的制造商，或是市场所占份额较低的制造商所进行。但其中也有像石油化学的核心制造商——三菱油化这样，公开宣布削减一半贸易公司的销量，同时大幅削减贸易公司差价的企业。此外也出现了一些像纺织行业的东丽这样的大型公司，不再通过贸易公司来交易原料，而是进行直接交易。如上所述，直销化的浪潮不仅发生在新加入市场公司和市场所占份额较低的制造商身上，就算是大企业，也已经无法回避这股浪潮了。

经济效益和直销化的平衡

这么看来，大家或许会觉得对生产资料而言，直销化是唯一的方向。然而生产资料的难处在于如何平衡好经济效益和直销化的关系（图5-9）。

在此，我们把消费品也算进去，来比较一下市场的细分化程度。由图可知，汽车、家电等耐用消费品的市场规模和客户数量都很可观。像杂货和食品这样的一般消费品，单独来看的话，市场规模比较小，而且必须面向非常多的客户来销售才行。另一方面，生产资料领域也存在客户数量少、规模大的市场（如原材料和能源领域等）。假设跟电力公司做生意，客户就只有9家。然而多数生产资料属于最困难的第三象限，客户少，市场规模也小。因为这种市场特性的差异，最适合的渠道也就不一样。一般消费品基本可以采用大众化营销手段，例如平时可以采取批发和大规模零售手段，在特殊情况下（比如巨型家电）则采取直营销售手段。对生产资料而言（比如说面向电力公司），自然最有效率的就是派自家的直销推销员上门推销。然而，像是定制产品这种市场很小，还必须跟客户接触来明确需求的生产资料，则需要分情况使用一定的手段（围绕销售工程师来进行直销，使用共享销售渠道销售预售商品），否则就无法平衡好经济效益和自身市场影响力的关系。

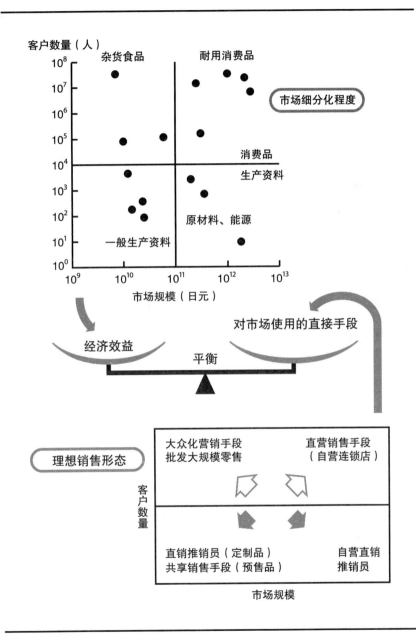

图 5-9　经济效益和直销化关系的平衡

根据客户选用不同的渠道

此外,有些产业也采用了根据客户选用不同渠道的方法(图5-10)。以某种量产机械为例,该机械市场中有约20家大客户,约200家规模中等的客户,约2,000家规模较小的客户。攻占大客户市场的关键在于SE[①]技术,以及跟客户的各个部门进行彻底接触,因此针对大客户采取的是以SE为中心的直销形式。反过来,如果一个个去攻占小规模客户,经济效益会很差,而且还需要完善服务网络,因此针对小客户,则倾向于确立普通代理店的低成本网络。中等规模的客户的特性介于大客户和小客户之间,因此直销化的方向就是:针对不同客户有选择性地使用直销方式(例如用专属代理店来平衡用户接触程度和经济效益),最终跟那些最重要的客户交易时,能实现最低成本。

直销化以外的流通革命

由上文内容可知,生产资料的直销化倾向在制造商方面最为显著,然而除此之外,也能从别的方面确认到流通革命的动向(图5-11)。

拿削减销售固定费用的例子来说,像农业机械、聚氯乙烯薄膜、肥料等,最终都共享了直销方式。此外,也可见到试图实现物流合理化的产品开发案例,例如久保田铁工的农业机械就变更了产品的规格,把以往只能运送4台左右的机器改成了能同时运送12台左右的机器,

---

① 全称为 sales engineer,销售工程师。——译者注

客户的种类	攻占市场的重点	流通渠道
大客户 （20家）	SE技术 与各个部门的接触	直销
中型客户 （200家）	品牌 接触密度	专属代理店
小规模客户 （2000家）	价格 售后服务网络	一般代理店 机械与材料店 信息网络的完备

图 5–10 产业机械制造商的渠道示例（根据客户分类）

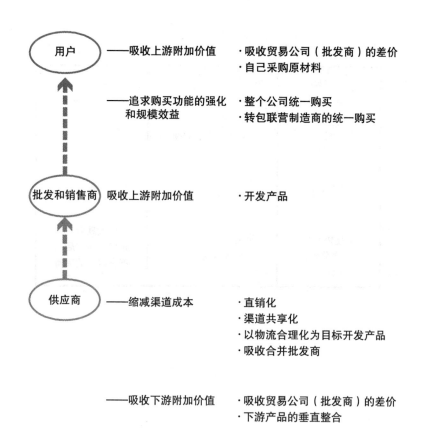

图 5-11 生产资料的流通合理化

实现了合理化。除此之外，还存在像山阳国策造纸这样，靠吸收合并批发商来吸收下游差价，实现合理化的模式。

另外，在生产资料方面还有一点很重要，那就是用户自身为合理化而做出的努力。我们从各家汽车公司对贸易公司差价的削减（如东丽公司等），以及日立从海外采购资源的现象可以看出，各家企业正倾向于自己采购原材料以缩减差价，或是强化购买功能，追求规模效益。例如松下企业的集约有利购买制度，以及先锋公司包含转包在内统一确立购买部门的举措。

中间商这边没有什么太过明显的动向，不过也存在几个像JBC这样插手产品开发工作的例子。

服务行业的流通革命

在服务行业中，流通革命也正在以不同的形式进行着。其中一个例子就是像航空行业和休闲行业这样，靠合作来共同承担固定费用的这种不同行业间的销售合作。零售业和保险行业的合作也属于上述情况，其中比较著名的就是西尔斯公司和好事达公司的合作，据说好事达公司向西尔斯店里的客户销售保险，现在西尔斯七成以上的收益都是由好事达部门赚来的。零售和金融机构的销售共享化的例子则包括伊藤洋华堂和主要金融机构合作推出的周日现金业务等。

第二个例子就是企业把以往都由一家店铺来量身定做的东西做成了连锁生产，由此来缩减成本。像是外卖连锁、教育产业连锁等，也就相当于一种缩减促销费、进货费、人力成本的流通革命。

此外，也有因为出现了和以往截然不同的服务，到头来促进了流通革命的情况。其典型例子就是介绍职业、二手车等信息的杂志的出现。以往消费者对某些行业掌握的信息非常少，所以购买价格有高有低。而通过把信息本身有偿化，就减轻了每个用户的负担，因此这也算是一种服务行业的流通革命。

四、流通革命的背景

如上所述，流通革命在跟市场的成熟化同步进行着。而引发流通革命的直接原因则是销售商、制造商、中间商各自的成长和收益都已经达到了极限。

我们来看销售商这边。供需不平衡导致销售价格低迷，竞争激化使得价格战兴起。销售额的增长速度跟不上销售成本的增长速度，利润遭到极端压迫。此外，还出现了大型连锁店之间的功能重复的问题（如采购部门的管理费用等），给用户带来了不必要的成本负担。

反观中间商这边，由于自身的作用、功能都在渐渐失去意义，于是危机意识凸显出来，利润遭到压缩，中间商之间功能重复，而这些都导致了中间商走向流通革命。光拿物流来看，中间商的效率逐年恶化，流通革命已经是必经之路了。

这种附加价值在批发和销售过程中的减少，也可以从数据层面上来证实（图 5-12）。根据批发和零售的总利润变化情况来看，大概在 1960 年到 1975 年，总利润每年都在稳步上升。然而，以 1975 年为分界线，这种上升趋势彻底停止了。在此期间成本肯定会上升，因此要弥补这部分成本，就不得不发生新的流通革命。从流通角度来看，这也是流通革命的背景之一。

对制造商而言，他们也有必须自发推动流通革命的理由。市场价格的低迷、制造、开发、销售等成本的增加都是迫使他们推动流通革命的直接原因。此外，自家公司的代理店、直营销售店等现有渠道效率低下可能也是流通结构改革的一个间接原因。

另外，制造商、批发商、销售商之间流通功能的重复，以及由此导致的部分中间商功能的有名无实等情况都是流通革命的背景，我们不可忽视（图 5-13）。

原来的批发商包揽金融、促销、物流、库存、商品种类、信息收集、开发等各种功能。然而最近这些功能的形式却逐渐发生了变化。例如光拿金融来看，以往中小制造商的金融功能、中小零售店的应收账款的管理都是由批发商来代办的。然而伴随着大规模零售店和大型制造商的成长，对批发商的这种需求本身也就越来越少。反之，大型连锁店对批发商采用现金结算，而批发商对制造商采用票据结算，因此就整体来看是一场非常严重的反转现象，也有很多事例显示批发商自身反而成了流通合理化的瓶颈。

关于促销方面也出现了同样的情况。以往都是由批发商代替制造商来促销，然而现在制造商和批发商却要以陪同销售等名义二次造访

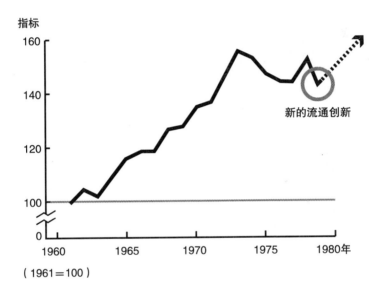

图 5-12　流通行业（批发商和销售商）的附加价值率变化

功能	以前	现在
金融	·中间商的功能是替中小制造商代办金融功能 ·替中小零售店管理应付账款	·由于大规模零售店和制造商的成长以致需求减少 ·反过来又出现了大型连锁店采用现金结算、批发商采用票据结算的矛盾
促销	·中间商代替制造商进行促销 ·代替零售店陈列商品	·制造商和批发商重复造访零售商 ·零售商和制造商之间出现双重广告促销投资
物流	·由中间商提供综合性物流服务	·制造商、批发商、零售商都拥有物流功能 ·批发商之间对物流的重复投资 ·全国批发商出现弱化自身物流的倾向
库存	·为制造商调整制造水平起到缓冲作用 ·代为管理零售店的库存	·大规模零售店自主管理库存
商品种类	·批发商拥有最多种类的商品	·大型连锁店的商品种类更丰富 ·反过来批发商则有专注于某些产品和品牌的倾向
信息收集	·批发商吸收末端信息并反馈给制造商	·由制造商直接收集信息 ·大型零售店的信息功能强化
开发	·以纺织等分散的弱小制造商、弱小零售市场为对象实施开发功能	·有开发能力的批发商逐渐发展成制造商 ·其他则发展成大型零售店的转包商

图 5-13　功能的结构变化

零售商。而且，还出现了零售商和制造商的双重广告，也就是促销投资的问题。

物流方面也一样。原本是由中间商来负责的，现在不管是大型制造商还是大型零售商都逐渐具备了物流功能。即便在批发商之间，功能也出现了重复，有些国家的大型批发商还明确表示要废除自家公司的物流功能。

同样地，库存、商品种类、信息收集、开发方面也因市场结构的变化，围绕中间商出现了功能的重复、有名无实的现象，即便从这个角度上来讲，也给流通革命提供了发展的环境。

于是，流通革命就作为企业间的战争，也就是作为一场围绕制造商和最终用户间的流通的附加价值所展开的战争延续至今，然而我们也不能忽视，其背景原因还有用户对成本的追求，以及用户选择性的提升。用户们一直以来都认为产品比较单一。例如，多数消费者认为，即便制造商各不相同，但对电视而言，里面的构造还是基本一样的。因此如果都是一家制造商做的产品，他们就会倾向于买便宜的。这是遵循自然规律所导致的结果。

与此同时，供应商的多样化也成了流通革命的一个重要因素。店铺或销售网点的增多使得花在购买商品上的时间增加，货比三家的行为普及开来，结果就导致用户越来越追求成本。

生产资料方面也不例外。在购入量增大、购买部门变强的同时，制造商购买部门本身的功能也与中间商越发接近，进而确立了以低成本为导向的基础。

五、流通革命的意义和适应策略

对企业而言，流通革命的潮流日益强大，不可避免，如果采取低下头等着潮流席卷而过的消极态度，就根本没法应对了。流通革命在每个行业的发展速度多少有些差别，然而各家企业已经走到了一个阶段：他们迟早都得直接面对流通革命，为此需要在深思熟虑的基础上研究对策。

就像部分产业机械和商用机器那样，众多制造商在面对相同的顾客售卖类似的产品时，对客户的应对能力（销售服务）就起到了协同作用（增效）。这类行业的中间代理商也有可能发起流通结构改革。

在大型制造商和大客户进行直接交易的原料部门等出现了两者之间直接交易的倾向。目前，面向汽车制造商的钢铁贸易公司的利润遭到了极端的削减。此外，消费品领域的家具、服饰，生产资料领域的设备机器、按需设计商品等都因标准化太迟，价格很难降低。然而可想而知，这也会激发中间商的成本竞争（例如 CAD/CAM 的导入引发了标准设计的渗透等），使得附加价值被大幅削减。

对付流通革命要采取针对性对策

要对付流通革命的这股潮流，不一定都要采取一种应对方向。但我们一定要基于消费者和竞争走向来采取针对性措施。如上所述，对制造商、中间商、销售商而言，其应对方法自然也是不一样的。此外，还需要根据企业规模来调整应对措施（图 5-14）。就算是同一家制造商，也要根据它是国家品牌、自有品牌或是 OEM 等前提来采取不同的应对措施。

就拿制造商举例吧，对上游企业而言，他们以往强力的渠道变弱了，而对渠道以外事物的支配能力上的差距就导致企业出现了优劣之分。品牌能力和产品开发速度等相当于定价能力的因素越来越关键。此外，因为企业没有计划性地贪图扩大数量，还造成了超市自营品牌（SB）和日本国产品牌（NB）在店铺跟前互相竞争的事态。如果上游制造商不能做到拿开发能力、服务能力、成本竞争力来决一胜负，而是光依靠渠道支配力的话，那么就会越来越无法维持住以往的收益和市场份额。

此外，如果以往的渠道已经越来越不能适应消费者需求，那么就必须考虑靠其他方法来应用这些旧渠道。例如，实现渠道本身的多元化经营，或以跟不同行业合作的形式来提升销量、加速周转，由此来减轻固定费用负担。如果为了把销售的高额固定费用正当化，而采取了背离用户心理的行动，那么企业也就别想发展了。

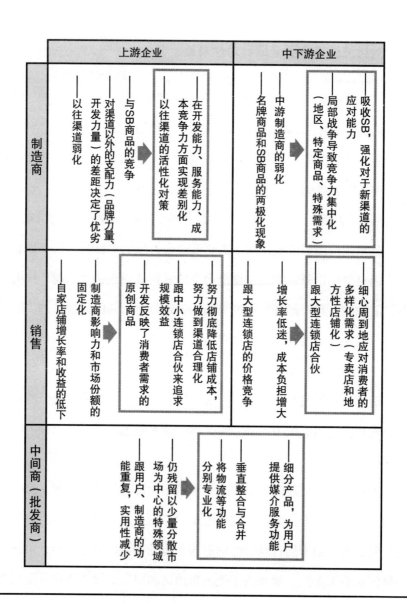

图 5-14　流通革命带来的意义和适应战略

中下游企业的客户需求则出现了两极化，一面是需求旺盛的国产品牌，另一面是 SB 商品。如果持中立态度，则很有可能被淘汰，因此这些企业就必须采取根本性措施。例如，采取比较理性的方式吸收 SB，接纳新渠道；或是不再执着于自家品牌，而是针对特定地区和特定需求来打局部战争，走重质轻量，重视收益看淡份额的路子，这都需要企业去选择。当然，销售商、中间商也将面临着同样的战略选择，同样需要实现差别化。

想靠暂时性对策来解决问题很困难

针对以上趋势，即使采用提升价格等一时的紧急避难措施，也没法从根本上解决问题（图 5-15）。如果这么做，肯定会让顾客涌到更合理的竞争对手那里去。

如今有很多商品在搞地区差价，针对这点，考虑到公正交易委员会今后的方向，日本不久后应该就会像美国那样，被禁止根据地区和顾客来搞差价。也就是说，今后想通过价格差别化来紧急避难也会相当困难。况且，日本也已经出现了广泛中间商（在低价位地区买进，在高价位地区卖出），靠地区差异来应对已经成了一种越来越没有长期意义的暂时性举措。

对那些固定费用高昂的国家品牌制造商来说，他们也很难采取专攻高档品的战略。因为如果逃到小销量领域里，就算短期内收益会增加，最后也会扛不住固定费用的通货膨胀。

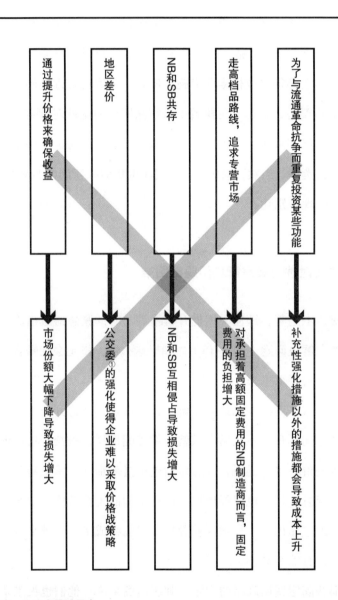

注：公正交易委员会。

图 5-15　制造商对流通革命的回避对策及其对事业的意义

另外，如果为了跟流通商的合理化抗衡而采取超额投资手段，从行业整体情况来看，就会形成重复投资（类似配送中心等），并不算什么好主意。最后还是得采取把最终用户设成100，使企业内部整体实现合理化的观点。因此，最好彼此进行互补性投资，从用户的角度来看，除此以外的措施都会导致成本上升，只要不是非常棒的功能改善措施，就是平白无故浪费投资。

用户对产品知识的了解日益加深，自主选择能力也不断提升，促成了彻底性最低成本路线的萌芽。反过来，用户的选择欲也变强了（图5-16）。

身为制造商，都想尽可能多卖出一些自家品牌的产品，因此往往就会倾向于使用自家特有渠道。这样一来，商品种类也就限制在了自营品牌，可选性和库存周转率都低，导致成本上升。这样一来，理所当然就跟用户需求产生了矛盾。

也就是说，背离用户需求，开展错误战略，采用临时性对策都有可能要企业的命。对此，必须在长期性结构变化中找到这些问题的根源，然后从这些根源出发去规划流通战略。

欧美的流通革命

分析一下已经经历过低成长→成熟化阶段的欧美企业，这种现象就更明朗了。

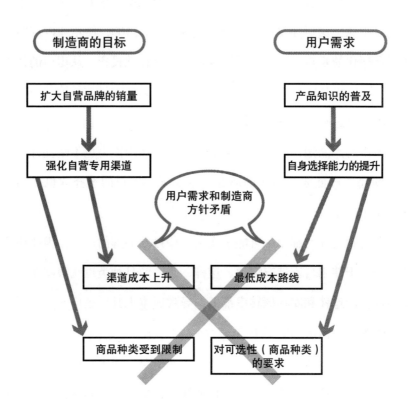

图 5-16　用户需求与制造商目标之间的矛盾

　　美国的固特异轮胎公司、内陆钢铁公司①、惠而浦大型家电公司、雷诺兹烟草公司以及美乐啤酒公司等都是行业里业绩出类拔萃的企业，也是行业里最具价格竞争力的企业。这些企业不光在流通领域，就连在开发、生产领域都实现了最低流动成本（Lowest Delivered Cost，LDC）。果然在低成长期真的要靠价格竞争力来说话，这一点只要比较这些企业跟同行业其他企业的盈利能力就能很明显地看出来。零售业这边也是如此，有像凯马特这样走低成本化路线的，也有像西尔斯公司和杰西潘尼公司这样走高档化路线的，比较起来，前者的增长率跟盈利能力目前都要胜过后者。

　　至于品牌意识方面也是如此，由于通用品牌奋力战斗，像宝洁公司、高露洁、波顿等大型国家品牌被通用品牌占去了大片市场。现在美国大型连锁店有近三成的销售额来自通用品牌。除了美国，其他国家某些行业以往的家电渠道也像联邦德国的家电市场那样，因为采购集团（共同统一的购买机构）的动作而受到了巨大的影响。

　　随着流通革命的扩张，大型制造商也被迫大幅转换品牌战略。例如高露洁就把广告费集中投向公司排在前十一名的品牌，对于排名靠后的品牌则采用一种叫作"雨伞命名"的策略。这个"雨伞命名"，就是一种靠品牌共享化（例如在三得利这把大雨伞下卖啤酒、威士忌）来提升广告宣传费用效率的做法。以往美国都是反过来靠不断引进品牌来刺激消费，而流通革命导致了下游品牌渐渐在收益

---

① 现已被米塔尔钢铁公司收购。——译者注

层面上生存不下去了。因此企业就越来越需要彻底共享促销费用，把产品定位成低成本品牌。因此高露洁才会把全部精力都拿去培养自家出色的 11 个品牌，认为其他品牌"合起来也没什么用"，转向了听天由命的战略。

再说到亨氏，亨氏公司一直采取极端的地区战略，只向特定地区集中投入广告和促销费用，几乎不往其他地区投资。品食乐则强化了以往不太重视的开发能力，选择了和其他公司形成差别化的路线。根据上述内容可以很明显地看出，流通革命迫使欧美制造商在战略上做出了巨大转变。

新流通战略

基于以上背景，我们来说说具体的应对方法。第一点，就是要把流通革命理解成事业机会，积极讨论结构改革的可能性。考虑到以往制造商主要关心的往往是该如何回避问题，该怎么维持现状，这就成了一个与以往大相径庭的手段（图 5-17）。

第二点就是要时刻掌握流通革命的动向，打破行业常识。例如，除了掌握市场中用户的动向和同行其他公司的应对情况，用心观察其他行业的情况也是非常有参考价值的。而且，我们还能通过观察对比流通革命在海外的动向，打破自己行业的常识，走在流通革命的前面来实现与其他公司的差别化。

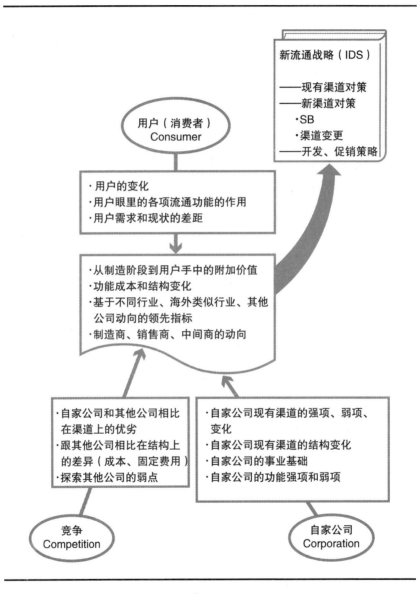

新流通战略（IDS）

——现有渠道对策
——新渠道对策
· SB
· 渠道变更
——开发、促销策略

用户（消费者）
Consumer

· 用户的变化
· 用户眼里的各项流通功能的作用
· 用户需求和现状的差距

· 从制造阶段到用户手中的附加价值
· 功能成本和结构变化
· 基于不同行业、海外类似行业、其他
　公司动向的领先指标
· 制造商、销售商、中间商的动向

· 自家公司和其他公司相比
　在渠道上的优劣
· 跟其他公司相比在结构上
　的差异（成本、固定费用）
· 探索其他公司的弱点

· 自家公司现有渠道的强项、弱项、
　变化
· 自家公司现有渠道的结构变化
· 自家公司的事业基础
· 自家公司的功能强项和弱项

竞争
Competition

自家公司
Corporation

图 5-17 新流通战略①的制定流程——3C 分析法

① 即创新分销战略（Innovative Distribution Strategy），简称 IDS。——译者注

接下来，还有一个关键点就是要分析从产品开发到购买整个过程中的一切功能和一切附加价值结构，尽快制定对策来提升功能效率。而且在制定对策的时候，不要纠结于现有渠道，为了更容易拿出新颖的点子，从零基础出发考虑问题也很重要。也就是说，过去大部分人都从狭义上来理解流通，认为流通就是销售部门的问题，或是物流部门的问题。而现在我们需要从这种按部门分类的思想中脱离出来，把从产品开发到最终用户购买这一整个流程当作对象来研究讨论。至于制定对策的工作也需要从各个部门选拔精英，组成一个项目团队来负责，只有这样才会起到作用。

另外，在讨论这种大型课题的时候，需要把自家公司和竞争对手在渠道方面的优势和劣势加以分析，制定对自家公司而言最有利的战略。至于要探讨的部分，既需要探讨针对新渠道的策略，还需要探讨多方面应用现有渠道的方法（前提是现有渠道已经不再符合用户需求）。另外，如果自家公司的主力产品的重点已经移向了其他渠道，则还需要制定一些用其他形式应用现有渠道的对策。例如考虑业务转型、设立附属事业或是渠道共享化等。

花时间逐步实施

实施最终方案的重点，就是要尽量避开急剧的变化，在高层管理者强力且持续的领导能力和周到的实施计划之下，花时间来逐步实施流通结构改革。以往有很多企业想急剧实施改革，结果招致了批发商和大客户的反感，最后只能作罢。然而为了确认效果的永久性，就得耐心坚持下去，花时间来踏踏实实地实施最终方案，直到完全掌握了必要的功能为止。

就拿流通革命最典型的现象——直销化来举例吧。直销化的实施通常分三个步骤来进行：（1）强化自家公司的功能；（2）直接跟用户或客户接触；（3）整理现有路线（图 5-18）。

在开头阶段，我们需要强化自家公司的主要功能（如物流、销售等），与此同时，在交易方面，要尽量修改交易量、交易条件，逐步提高和最终客户的接触频率，以实现常规交易[①]。这样一来，自家公司就具备了一定的功能，接下来就该提高客服水平，优先扩大用户利益，好把用户和自家公司直接联系起来。

其次，因为自家公司和用户间已经关于促销和交易量形成了直接协商的状况，我们就在该状况的基础上来逐渐缩小流通差价。最后，我们就能根据状况来做出决定，是要转变成完整的直销体制，还是要合并吸收中间商，或是根据情况只保留对账费用，留下极少的差价来进行整顿。

与此同时，至于现有路线方面，主力产品的直销化可能会影响到其他基础产品，因此就需要分产品和地区来逐步实现路线的专业化，消除给其他产品和交易带去的负面因素。

同步实施以上策略，同时逐步缩小差价。这个过程少说也需要

---

① 英文为 routine transactions，指正常商业往来的会计记录中体现出的经常性金融活动。——译者注

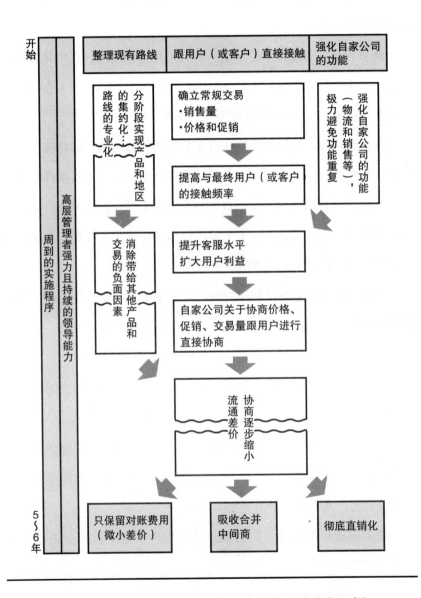

图 5-18　从批发商制度到确立直销体制的流程示例

五六年的时间。以此为前提来考虑的话，那么如今为何某些几年就换一拨营业人员的大公司会不参与流通革命，其原因也就不言而喻了。

用新理念来处理

流通革命需要非常果断的新理念。比方说，以往的主题是如何避开流通革命，而今后的主题是要如何把流通革命当成事业机会把握住，这就导致未来会出现市场份额和收益大幅上升的制造商，以及市场份额反倒下降的制造商。

还需要经常参考其他行业的动向来提前研究战略代替方案，以便检讨自身是否有出现"过于相信常识"的情况（以为只有自己所在的行业是特别的——"先不说消费品行业，流通革命首先就不可能发生在跟批发商联系紧密的生产资料行业"）。

此外，以往我们都容易被行业的领军人士拉着跑，如今则必须找到适合自家公司的解决方案，把自家公司现有的体制和竞争对手相比较，基于自身的优势和劣势来制定对策。

果断变更渠道往往也会招致反效果。为了暂时防止市场份额下降，我们必须优先强化自家公司的功能，这样就算出了差错，至少也能避免在实力不够的情况下摊上麻烦。

而且，还必须切断以往的恶性循环现象——把流通结构改革这种大事交给现场负责，每次直面困难就允许借口的存在，到头来一切如旧。为了切断这种恶性循环，就需要高层管理者把问题当成自己的问题去处理，再换句话说，就是基于"这问题只有我能解决"的想法来做出果断的决定，大力促成问题的解决。

上文中我们对于成熟市场中的趋势——流通革命进行了讨论。各家企业的高层管理者需要积极推进流通结构改革，从长远来看把最具竞争力的制造商和用户的距离缩至最短，这是一条无形的法则，希望大家能借助以上动向，积极应对这一法则，自己开创命运，成为赢家中的一员。

堀新太郎

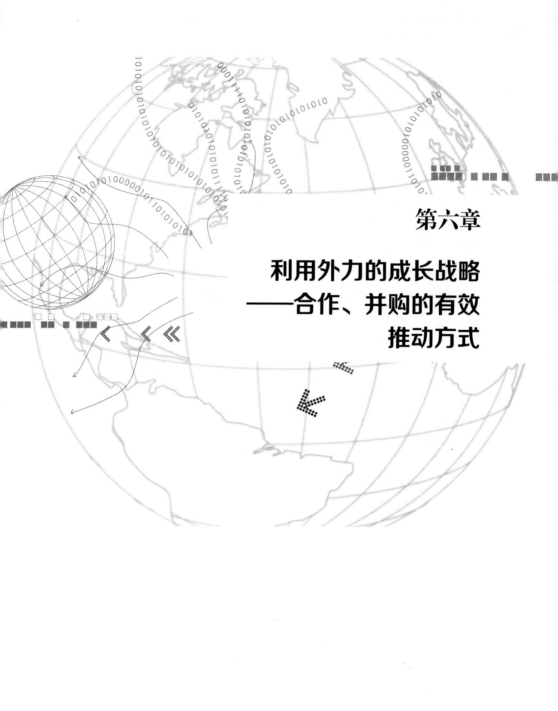

第六章

利用外力的成长战略
——合作、并购的有效
推动方式

　　企业成长有两条不同的途径。一条是力图把自家公司所掌握的内部资源（人、财、物）发挥到极致，凭借自身力量成长。像是以实现企业资源最优分配为目标的产品投资组合管理（PPM[①]），以及试图有效利用分配到每个事业领域的资源的产品市场战略（PMS[②]）等管理方法都是根据这条路线开发出来的。另一条途径则是灵活吸取公司外部的功能、资源来促进自家公司的成长，也就是利用外力来成长。从这个意义上来讲，本章的主题合作、并购可以视为利用外力的成长战略（图6-1）。

　　话虽如此，人们普遍认为，要在日本的企业文化氛围中实施合作、并购很困难，就算实施了，也发挥不了十足的效果。然而，则有一帮呈现积极动向的企业，例如机械行业有日本微型轴承和takuma公司；纺织行业则有钟纺；连锁店行业有NICHII和吉之岛；最近出现的大荣；还有因收购了赤字企业TBS不列颠引起广泛热议的三得利等。

　　这两三年来，在我们的顾问活动过程中，认真探讨合作、并购的可能性的机会越来越多。因此本章将从"在当今企业环境中利用外力的必要性"以及"如何有效利用外力"两个角度出发来探讨利用外力的成长战略。

---

① 全称为 product portfolio management。——译者注
② 全称为 Product-Market Strategy。——译者注

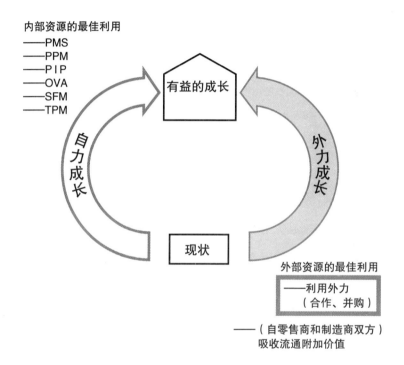

内部资源的最佳利用

——PMS
——PPM
——PIP
——OVA
——SFM
——TPM

自力成长

外力成长

有益的成长

现状

外部资源的最佳利用

——利用外力
（合作、并购）

——（自零售商和制造商双方）
吸收流通附加价值

PIP：Performance Improvement Plan，绩效改进计划

OVA：Overhead Value Analysis，削减间接经费

SFM：Sales Force Management，销售能力管理

TPM：Technology Portfolio Management，技术组合管理

图 6-1　面对成长的选择

一、利用外力的必要性

如今人们越来越关心合作、并购等利用外力的成长战略，而其背景原因则是企业环境的巨变（低成长、通货膨胀、技术加速进步）。

新增功能的必要性

企业想要在低成长条件下维持有利润的成长，就必须不断新增技术、生产设备、销售渠道等功能。

对那些在行业里取得了很多市场份额的企业来说，因为这块供他们争抢的蛋糕整体成长速度已经开始放缓了，因此就需要向其他行业多元化发展。然而决定是否能在新领域取得成功的关键因素（Key Factor for Success）大多数都跟现有行业里的不一样。因此，如果市场份额高的企业想要继续发展，关键就在于经营出一门以多元化为目标，能够拓展新市场的事业，然后凭借该事业去获得一些技术、设备、销售渠道等方面的新功能和新诀窍（即 KFS）。

市场份额低的企业不一定要发展多元化，也可以考虑冲着大幅改善市场份额的方向来谋求发展。不过，迄今为止能够甘于较低的市场份额，也是有一定原因的，也就是说，事业中存在着瓶颈，这瓶颈就是一直以来妨碍企业成长的重要因素。例如，虽然产品开发能力很强，但销售渠道弱，销售额上不去。或者反过来，销售渠道好，但用来活用销售渠道的产品开发能力弱。因此，市场份额低的企业如果想要大幅改善市场份额，就需要更新妨碍成长的瓶颈功能，从根本上进行改善。

靠自身力量来获得新功能是不利的

如上所述，通货膨胀、技术加速发展、低成长是当今企业环境的特征，在这种环境条件下，相较于利用外力来谋求成长，靠自身力量获得成长的功能及诀窍的做法正渐渐趋于劣势。

首先，由于受通货膨胀影响，像土地这类价格飙升的资产必须获得一些新功能。在这种情况下，投资效率显著恶化。这对商品就是不动产本身的酒店业，以及成长的关键在于开设新店铺的连锁店行业来说，问题就很严重了。就这种情况而言，比起靠自身力量来获得新的不动产，不如直接收购或跟拥有这些资产的企业合并，这样从投资效率层面上来讲会更有利一些。

　　企业的股价不一定要按照资产价值（这里的资产价值还包括账外价格）来衡量。股价是基于每一股的利润，或是增长率等各种各样因人而异的尺度来形成的。因此，如果我们比较每一股的资产价格和现实中的股价（图6-2），就会发现相对而言，股价在很多情况下要远比资产价格便宜。就算拿帝国酒店和第一酒店等几家上市酒店企业来举例，这一结论也适用。

　　因此，就这类行业而言，比起从头获得土地，在上面盖不动产，不如收购现有企业的股份，间接获取不动产的投资效率来得好。也就是说，在通货膨胀环境下，单从经济角度出发，凭借自身力量来获得新技能和新诀窍不如利用外力（并购等）有用。反而言之，这也就意味着后加入这个行业的企业将要翻越的壁垒会更高一些。

　　促使企业必须利用外力的第二个环境因素是技术的加速发展。很多行业出现了显著的产品"短寿化"倾向。拿音响产品为例，1975年时，产品的平均寿命还在两年以上，到了1980年，就少了一年。大概5年的时间，寿命就减少了一半。在这种条件下，如果要新加入音响市场，从头开始搞技术开发是来不及的。等追上了市场竞争水平，这款产品的寿命可能都已经结束了。在这种情况下，也就需要企业利用合作、并购来获得必要的技术开发力量。在公司内部一点点提高积累这些技术的做法已经过时了。

　　促使企业必须利用外力的第三个环境因素就是低成长本身。也就是说，市场发展已经趋于迟缓，在这种环境下，新的生产设备和新的

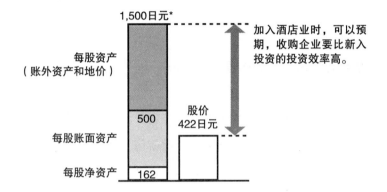

*——预期值

资料来源：日经公司信息。

图 6-2　5 家酒店①账外资产②和股价的关系（取平均值）

---

① 帝国酒店、第一酒店、皇家酒店、京都酒店、新阪急酒店。
② 企业拥有资产的时价超过账面价格时，资产时价与账目价格的差价。——译者注

销售渠道的追加进一步激化了市场竞争环境，结果销售额完全没有增长，达不到预期的投资预算，形成了恶性循环的现象。在这种情况下，我们可以通过收购或合并来获得现有的设备和销售渠道，避开竞争环境的恶化现象。这几年，连锁店行业的市场增长率迅速放缓，大型企业的合作、并购现象在该行业盛行可以说是理所当然的事。

企业对利用外力的必要性的认识

企业想要在低成长条件下成长，无论如何都需要获得一些技术、设备、销售渠道等方面的新功能。然而就像上面所说的那样，在通货膨胀、技术加速发展、市场整体成长低迷的环境下，比起采取合作、并购等利用外力的方式，这种靠自身力量来获得功能和诀窍的办法在大多数情况下都明显不利一些。

然而，看来很多日本大企业的高层经营者都已经开始注意到，这种利用外力的成长战略是很有效的。

大企业之间已经开始热烈开展企业合作了。公正交易委员会调查了东证第一部[①]上市企业，调查结果表明（图6-3），跟资本金不低于一亿日元的国内公司签过合约，建立持续合作关系不少于一年的企业达到了整体的80%。这些企业中，存在资本纽带的企业占15%，由此可见，独立的大企业之间在非常积极热烈地开展合作。

---

① 东证即东京证券交易所，在东京证券交易所上市的日本国内股票分为第一部和第二部两大类。——译者注

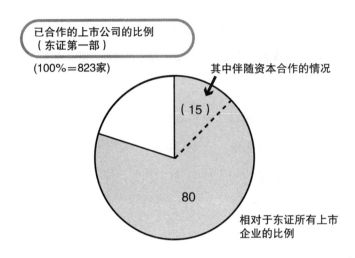

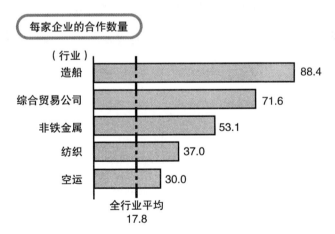

注：与资本金不低于1亿日元的国内公司签有不少于1年合约的企业为对象。

资料来源：公正交易委员会；DIAMOND出版社。

图 6-3　企业合作

分行业来看的话，像造船等多元化需求强烈的企业集团，一家企业就签了将近 90 份合约。而且，就算全行业平均下来，一家企业基本也签了多达 18 份合约。合约内容也不是救济那些以往人们口中的萧条企业，其内容大部分是技术开发力量的强化、多元化等主要以成长为方向的合作。

此外，不同行业之间也在频繁进行合作。例如东洋油墨和久光制药就合作做出了医用暖湿巾。三菱电机和任天堂联合推出了计算机黑白棋游戏。还有住友橡胶和大林组共同建设了高尔夫球场等，不同行业的企业间合作在不断发展。

收购活动已经在海外盛行。近年来，位于美国的海外企业所进行的企业收购活动中，日本企业的收购案例达到了将近一成。松下电器、东京银行、大日本油墨、三得利等日本具有代表性的企业都位居其中。如文章开头所讲的那样，日本国内方面也出现了一些积极参与收购活动的企业。

据公正交易委员会调查，合并后的资本金不低于 5 亿日元的大型合并案例在这几年有逐渐增加的倾向，近年来达到了每年 150 件左右。至于今后合并的增加倾向，据日本经济新闻社近来对于 100 名经营高层进行的问卷调查来看，有将近 90 名对象认为今后合并案例会继续增加，相反只有两名经营者回答会减少。

此外，合并的内容也不再是通常人们所说的救济赤字企业，而大多是业绩好的企业之间在相互合作。例如，体育用品制造商亚瑟士，就是鬼冢、GTO、Jelenk 三家公司合并而成的企业，这三家企业都是业绩景气的企业。

话虽如此，我们研究了一下近三年来报纸、杂志等媒体上报道的约90宗合并事例，发现被合并企业的销售利润率超过了3%，业绩好的企业合并的案例只占全部案例的不到一成。可想而知，今后积极互补的战略性合并将会越来越多。特别是战后急剧成长的创业型企业，其中大部分将会陷入没有接班人的境地，因此也就会有相当多的企业从理智的判断出发，进行并购活动。

一触即发前的外力利用战略

将上述内容整理一下，我们会得出如下结论：在20世纪80年代的企业环境下，企业必须去摸索成长机会（包括合作、并购等利用外力的措施）。反观最近大企业经营高管的动向，可见他们已经开始注意到这一点了。

这种状况酷似美国在20世纪60年代中后期走向低成长阶段时，曾有企业并购活动急剧增加的现象。可以断定，即使是对于在自由经济条件下，受经济原则支配的日本来说，利用外力的成长战略也已经到了一触即发的状态。反而言之，大家应该想到，在今后的低成长经济环境下继续存活的过程中，外力利用的好坏也很可能会直接关系到企业间的差距（图6-4）。

下面，我们就来思考一下，为了有效利用外力，都需要具备哪些必要条件。

```
┌─────────────────────────┐  ┌─────────────────────────┐
│ 20世纪60年代和20世纪70年代  │  │ 20世纪80年代（低速成长）    │
│ （高度成长）               │  │                          │
└─────────────────────────┘  └─────────────────────────┘

┌─────────────────────────┐  ┌─────────────────────────┐
│   只思考如何凭自身力量成长   │  │     摸索成长机会的时代       │
│        即可的时代          │  │     （包括利用外力）         │
└─────────────────────────┘  └─────────────────────────┘
```

```
                              ┌─────────────────────────┐
                              │ 企业已经注意到了利用外力的重要 │
                              │ 性（一触即发之前跟美国20世纪  │
                              │ 60年代已进入低成长期时相同）  │
                              └─────────────────────────┘
```

```
                              ╭─────────────────────────╮
                              │   外力利用的好坏决定了      │
                              │     企业之间的差距         │
                              ╰─────────────────────────╯
```

图 6-4　企业成长形态

二、有效利用外力所需面对的课题

四个陷阱

分析一下那些合作、并购没能发挥出充分效果的案例，大体上可以总结出四个陷阱（图 6-5）。第一个陷阱是没有选择与目的相匹配的外力利用形式（利用外力时，是只合作即可，还是要发展到收购或合并阶段）。第二个陷阱是没有挑选到合适的对象企业。第三个陷阱是实施困难。就算计划并购，也无法很好地实施。最后一个陷阱则是执行后的运营失败。虽然实施了并购，效果却上不去，得不到想象中的加成效果。

接下来，我想跟大家一起再详细看看以上四个陷阱。

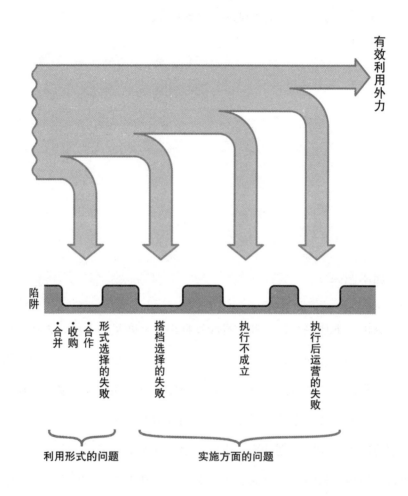

图 6-5　利用外力时可能出现的陷阱

利用形式的选择——收购的必要性

我们要面对的是外力利用形式的问题——是只停留在合作，还是发展到并购阶段？如上所述，企业合作活动在日本极为盛行，然而到头来很多都只是权宜之计，实际上并没有跟利益挂钩。其主要原因有两点。

第一点，两家企业合作时，经常能见到搭档间利害协调不佳的现象。例如，发展技术合作时，很多企业没有明确规定互相要如何评价起初的开发投资，要以怎样的基准来分配由此而生的成果，就直接去推进技术合作计划。或者是当考虑到生产和销售这种垂直分工时，同样在如何评价对方的投资成本，如何从长远上分配产生的附加价值的问题上出现了搭档间利害关系的对立。另外，只有在涉及生产合作、销售合作这种水平分工时，彼此利益没有实质上的增加。

因此，企业合作很容易，但大多数情况下，即使就总论而言进行得不错，分论方面却难以协调利害，结果只是权宜之计，只起到一时的效果。因此，如果想要从实质上获取利益，就得不断收购，最少得拿到超过一半的股份，获得实际支配权才能停。

然而，说到该不该把合并发展到使对方公司和自家公司实现一体化的地步，却也未必就要这么做。合并反过来也有各种各样的弊端。例如，假设劳动条件和企业文化不同的两家企业结合在一起，那么总会有一方被吸向另一方。此外，面临合并，在人事、组织方面也会遇到各种各样的困难。例如乱派职务，人员不足。特别是靠围绕人员运作而成立的组织，就会突然发生这种功能障碍。这样一来，常常就会因为合并企业的组织效率远低于竞争对手，或是因为决策速度迟缓，竞争力丧失，而导致无法达成预期合并目的。

因此，必须是原本同质性且实力非常强劲的行业（银行、钢铁或是连锁店等）的企业才能合并，不然就很难发展顺利。话虽如此，就算是这种同质性很强的行业，在进行大型合并时，最辛苦的也是在调整企业文化方面。假设就算要合并，提升合并效果的大前提也是要做一套积极的程序来克服合并的后遗症。

归纳一下上述主旨的话，可以总结出以下三点。

（1）大多数情况下，企业合作只是权宜之计，无法跟实际利益挂钩。

（2）但是，也没必要发展到合并阶段，往往合并还容易起到反作用。

（3）因此，在考虑利用外力的时候，收购基本上是最现实的选择。

对象企业的挑选

下面是对象企业的挑选，挑选不好的原因大体上有两个。第一是目的本身不明确——我们图被收购企业什么？第二，就算明确了目的，也没有根据目的去严密评估被收购企业的能力。针对第一点，我们必须时刻思考自家公司的事业机会，而不是怀着一种有了需要再去研讨的被动态度，还需要具备一种积极能动的态度，时刻深刻思考自家公司是否具备实现该事业机会的功能，欠缺的功能（需要从外界去获得的功能）都有哪些。然后，在明确自家公司所需能力的基础上，评估对方企业的能力，这样误诊的可能性就会大大减少。

然而，基于那些广为人知随处可见的印象调查的评价，例如销售力很强之类的评价是远远不够的。这种情况下，还需要对方公司对自家公司产品的必要销售对象的覆盖率，推销人员的能力和技巧等问题进行非常深入的研讨。那些一直以来都在积极进行合作与并购的连锁店企业大多都在组织内部设有专门的部门，把如何挑选对象企业的诀窍都集中在一起。没有上述准备和对策，就无法建立健全的企业关系。

收购的执行

妨碍企业收购顺利执行的主要原因有两个。一是虽然认识到了收购的必要性，企业自身在态度上却还差口气。二是无论如何都无法消除被收购企业在心理上的不安。

针对这点虽然未必有通解，但反观那些收购活动实施得比较顺利的企业，可以说其共同点在于高层管理者在起步阶段就相当积极地参与到了收购活动中。高管自身需要体现出想让自家公司成长的强烈意愿，通过这样首先把员工对于收购的坏印象给擦除掉。

使得收购实施起来困难的第二个妨碍因素就是对方企业在心理上的不安。尤其是收购企业没有明确收购目的，没有明确今后的运营方针等时，多会令对方企业产生多余的不安感。就算从这方面讲，也需要高层管理者从初期就开始积极参与收购活动，明确想通过收购来达成怎样的长期目标，对被收购企业而言具体都有怎样的好处。然而，说起来容易做起来难。总之一定要成功收购哪怕一家企业，做出实际成果。如果能借此给对方带去良好印象，甚至还能避免对象公司工会出现不必要的僵化。

收购后的子公司运营

有效利用外力的最后一个陷阱，则是收购成功了，之后的管理却不顺利。

子公司管理的方法未必只有一种。首先，根据目的不同，管理方法也会随之变化。收购目的是要像之前所说的那样活用对象企业的功能，还是要像几年前的美国那样，把对方企业当作一个投资对象来考虑？根据是否追求子公司的独立自主，是否采取同化战略，子公司的管理方法当然也会不同。

如果目的是活用子公司的功能，就需要在效果完全发挥之前管理子公司，严谨管理母公司和子公司走向有机联合的过程。然而，如果让其他管理部门，比如财务部、审计部来做，不仅会让母公司和子公司失去必要的战略性有机联系，甚至还会出现并非本来目的的"为了管理的管理"。

此外，常见的还有诀窍分散的问题，利用子公司的诀窍没能在公司内部积累，而呈现分散状态。另外，还有企业若无其事地在事业层面上实行容易损害连续性的接力方案：外力利用需求来自直线部门方面，负责评估被收购企业的却是策划部门，实施收购后，负责管理的却是财务部门。这也是妨碍对子公司进行有效管理的一个主要原因。

考虑同化战略时，为了统一两家公司的经营氛围，还需要采取一些对策，例如一起招聘员工，共同制订战略计划。

企业想在如今的企业环境中实现有利润的成长，就越来越需要在技术、设备、销售渠道等方面获取新的功能。在如今通货膨胀的环境下，比起并购等利用外力的措施而言，像原来那样靠自身力量来获得这些功能的做法正渐渐趋于劣势。虽然很多企业都已经注意到了这一点，却仍受着"社会习俗"的束缚，没法随心所欲。然而，是否能良好地利用外力也关系到企业间的差距，因此想必今后会有越来越多的公司加速采取通过收购实现成长的战略。

在日本，人们普遍认为凡是合作并购都不会顺利。然而事实上，就像我们在开头说过的那样，也有些企业已经有效利用了这些手段。我认为，我们甚至应该积极地针对形式的选择、对方企业的挑选、实施、执行后的运营这四个项目在公司内部积累诀窍。想必通过采取以上对策，企业就能够逐渐摆脱以往单一的靠自身力量成长的做法，扩大战略选择的范围。

纲岛邦夫

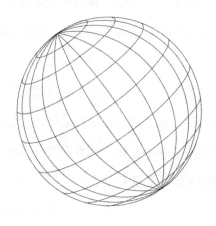

第七章

海外扩张战略
——多元化、本地化
之路

日本制造业的一大成长来源就是海外市场。如何朝国际化发展、获取海外市场逐渐成为 20 世纪 80 年代的重大经营课题。本章我们将主要从组织层面、人才层面出发来探讨这一问题。

一、背景

为确保成长来源而大力拓展海外市场

1973 年到 1979 年这 7 年来，日本主要的 45 家制造企业的销售增长额的一半都来源于出口或海外生产这类海外市场的成长（图 7-1）。即便分行业来看，像精密机械、电气机械等主要行业，其销售增长额至少有一半都依存于海外市场的销量增长（图 7-2）。这种状态酷似联邦德国在 20 世纪 70 年代初的状况。日本制造业正在积极增加境外直接投资，采取在当地设立销售公司，或是在当地建工厂生产产品等方式来获得这类成长来源，也就是海外市场。

事实上，如果我们观察一下日本的境外直接投资的变化（图 7-3），则会发现除去石油危机时期的暂时性萧条，日本境外直接投资在 20 世纪 70 年代呈现出一个急速上升的态势。其中制造业发起的海外设

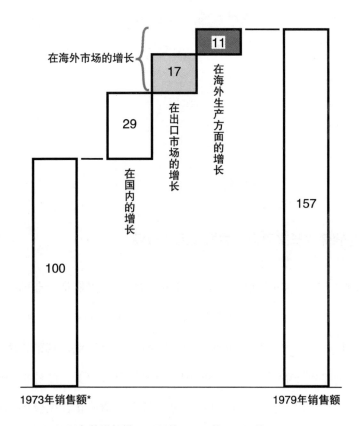

在海外市场的增长 { 11

17

29

在海外生产方面的增长

在出口市场的增长

在国内的增长

100

157

1973年销售额*

1979年销售额

1973—1979年的增长额： 1.34倍　1.99倍　5.79倍

＊基于日本国内及出口销量连同海外生产子公司的产量所进行的估算。

图 7-1　主要公司的销售增长额结构

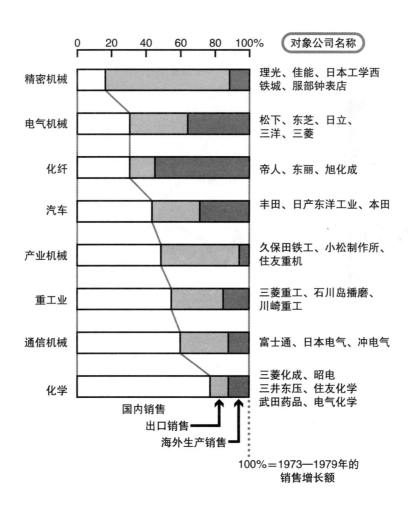

图 7-2　销售增长额的构成比

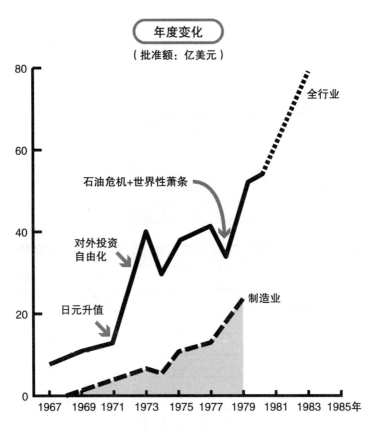

图 7-3　日本境外直接投资

备投资增长明显，相较于国内设备投资额，海外投资额在 1971 年只
有 3%，到了 1979 年激升到了 9.5%。因此，整个海外投资中制造业
投资所占比例才会从 1971 年、1972 年的仅仅约 25% 上升到最近的约
50%。

制造业投资的变化

制造业的海外投资不仅在数量方面有所增长，其内容（投资目的
和投资对象）也发生了变化。以向来位于海外直接投资中心的纺织工
业为代表的廉价劳动力导向型投资地位逐渐下滑，反过来以拓展市场
或确保市场为首要目标的投资却急速增加（图 7-4）。可想而知，如
果首要目标是确保迷人的海外市场，那么投资对象必然会从过去的亚
洲转向占了约三分之二世界市场的北美及欧洲。事实上，放眼制造业
在各个地区的投资情况，1975 年到 1979 年，面向欧美的投资比例从
22% 增加到了 27%，年度增长率则是欧洲在前，北美随后，曾经的中
心——亚洲排到了平均水平以下（图 7-5）。

欠缺战略性所导致的失败

话虽如此，一方面，海外市场是充满魅力的成长来源，另一方面，
缺乏周全战略的海外扩张也有不得不付出高昂代价的风险。在日本企
业开展积极海外扩张的表面现象下，从海外市场撤退的企业数量也在

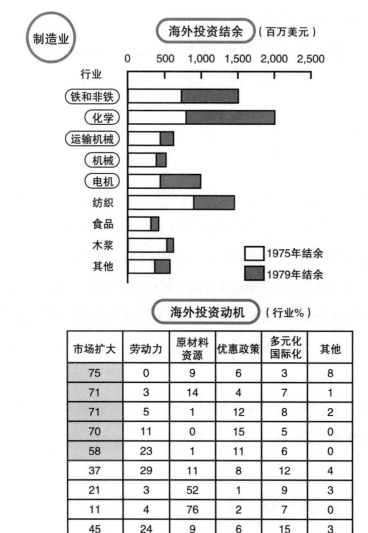

市场扩大	劳动力	原材料资源	优惠政策	多元化国际化	其他
75	0	9	6	3	8
71	3	14	4	7	1
71	5	1	12	8	2
70	11	0	15	5	0
58	23	1	11	6	0
37	29	11	8	12	4
21	3	52	1	9	3
11	4	76	2	7	0
45	24	9	6	15	3

资料来源：大藏省外汇批准统计；海外市场白皮书；产业构造审议会；主要
产业的设备投资（通产省）；日本企业的海外事业活动（通产省）。

图 7-4 制造业的海外投资

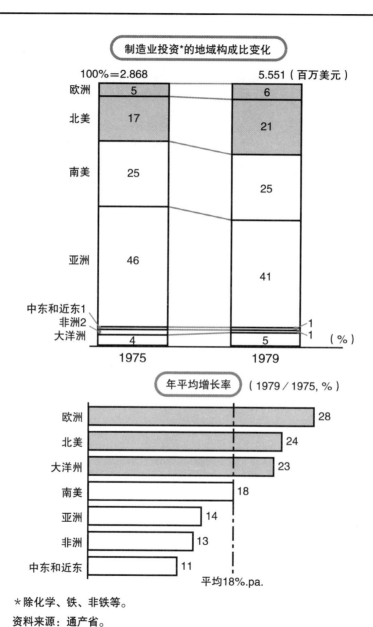

图 7-5　制造业投资的地域构成比变化

与日俱增。其原因大多是事前调查不周全，总公司缺乏国际化战略或是营销能力的不足（图7-6）。也有企业因为上述风险和对未知市场的担忧而畏惧国际化，然而这样下去，就会白白放过成长机会。好好研讨一下扩张失败的原因，就会发现无法回避的风险其实很少。因此可想而知，只要带着非常完善的战略去实施海外扩张，海外市场就会变成一个风险更少的成长来源。

三项课题

如上所述，预计20世纪80年代制造业会发起更多以拓展市场为目标的海外扩张活动。关于在这种情况下如何推进国际化这一问题，接下来我打算针对三项课题来进行讨论。这里我们集中讨论制造业，至于用于保证资源的投资和商业投资，我们暂且不论。

第一项必须明确的课题就是今后国际化的理想方向。最近报纸上经常用"国际化""跨国企业化""海外扩张"等各种各样的词汇来体现日本企业的海外扩张活动。然而令人惊讶的是，其内容大多都很模糊。例如，为了应对贸易限制而从事最低限度的海外生产活动是否也算国际化？反过来，作为积极的国际化举措，今后日本是否要随欧美跨国企业走上相同的道路？海外扩张还有新的方向吗？按理说，企业需要事先明确这类问题，明确日本企业前进的方向。

第二项重要课题是总公司体制，也就是组织和人才的问题。以往说到海外战略，人们都会围绕对外事宜来讨论。是要收购，还是要从

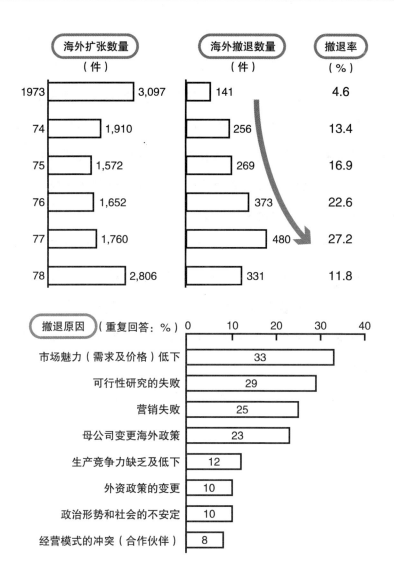

图 7-6　海外投资的扩张与海外投资的撤退

空地开始一步步开发，当地的人事管理该怎么办，要怎么评估国家风险，等等。虽然过去人们一直注重这类外部的问题，但根据我们丰富的经验而论，海外扩张的巨大障碍多数不在于公司外部，而在于自己的脚边，换句话说，在于总公司体制里。而且向来很少有人注意到这件事。例如，高层管理人员对国际化是否有着明确的概念，是否确立了应对国际化的组织，是否在总公司培养了拥有国际化所必需的经营技巧的人才。可想而知，随着今后日本企业逐步推进国际化，这类公司内部体制的问题将会越来越重要。

第三项课题是如何向国际企业靠拢。就当前状况而言，如何向国际企业这一目标靠拢呢？一个方法就是循序渐进，等待国际化条件内在成熟；另外如果海外市场有成长机会，也可以拿颠覆企业体制为代价来走获取市场的路线。那么我们要如何按照情况去创造组织和人才呢？

接下来，我们将更为详细地研讨以上三项课题。

二、海外扩张的理想方向

从"跨国"企业到"跨地区"企业

麦肯锡公司原总经理吉尔伯特·克雷于 1959 年在《哈佛商业评论》中发表了一篇论文，论文中初次用到了"国际企业（global enterprise）"的概念。这篇论文认为世界是一个能够自由活动的同质场所，基于这样的世界观，能够从原材料和零件最便宜的国家进行采购，在劳动成本最低廉的国家进行生产，然后把产品卖给最合适的市场的企业，也就是追求所谓的"国际物流的最佳化"的企业才是"国际企业"。论文认为"国际企业"能最有效地利用资源，因此也就具备非常强大的竞争力。为了利用国际资源，强大的总公司就要管理和统筹分布在世界各地不同国家的子公司，将这些公司作为一整个国际企业来运营。这种思路基于"一个世界"的和平现状，而且是以自由贸易（关税及贸易总协定）为前提的。

然而，这种在五六十年代支撑国际企业和跨国企业逻辑的状况，到了七八十年代则发生了巨大的结构变化。例如，以往采购、生产、销售都分别在不同的（最合适的）国家进行，而现在想这么干已经变得非常之难，从经济上的优势，政治上的要求等因素来看，在固定地区内完成采购、生产、销售整个流程反倒变得更有必要。从组织运营层面来看也是如此。从规模和管理效益的角度来看，这种"跨国公司（Multi National Company，MNC）"的公司体制（以各国子公司为单位，由总公司把这些子公司整合为一家国际性规模的公司）已经出现了问题。人们反倒更需要能在不同地区独立完成各种企业活动（生产、销售、金融、技术开发等）的地区企业集合而成的公司——我们管这种公司叫作"跨地区公司（Multi Local Company，MLC）"。

先说结论，我认为，今后日本企业的海外扩张要走的方向不是以往的跨国企业（MNC）路线，而是已经在地区社会里扎了根的地区企业的集合体（MLC）路线。

产销一体化的需求

这十年来经济结构的变化令人瞠目结舌，从根本上改变了以往海外扩张的条件。

1970 年日本的资本密集度比美国低六成，而通过对生产设备的积极投资，1978 年，日本的资本密集度要比 1970 年高两三倍，现在甚

至凌驾于美国之上（图 7-7）。资本密集度高，反过来说也就意味着
日本的产业劳动力依存度已经在逐渐走低。事实上，日本主要机械产
业的劳动投入量在此期间降低了约 28%。不只是劳动依存度降低，各
国劳动力本身的价格（工资）差距也在逐渐缩小。发展中国家，特别
是东南亚劳务费的增长幅度已经远远超过了日本劳务费的增长幅度，
日元升值又渐渐缩小了日本和美国的工资差距。这种结构变化使得劳
动成本像原来一样占去了大部分的生产成本，因此也就大大改变了企
业倾向在劳动力低廉的发展中国家建立生产基地，迟疑不敢去工资较
高的欧美等国发展的状况。追求劳动力导向型国际物流的国际战略，
至少在容易机械化的少品种大批量生产这方面就不占多少优势。

　　资本密集度提升所带来的另一个重要影响，就是大大提升了选择
产地的自由度。因为各国产业依赖机械的比重较大，所以可想而知，
今后不管把生产机械设置在哪里，印度尼西亚也好，北美也好，日本
也罢，只要做法正确，各国总生产成本的差距就不会有多大。

　　经济结构变化导致了产地的无差异化。如果把政治结构和社会
结构变化也考虑在内，则产地已经往"市场指向"或是"技术指向"
的方向大幅转移了。发达国家的社会结构变化指的是从成长社会转
向成熟社会。在成熟社会条件下，消费者的需求也从数量向质量转移，
而且变得非常多样化。企业想要在成熟社会获得很多市场份额，关
键就得贴近用户所在的市场，时刻把握其动向，迅速把动向跟生产
联系在一起，提供给用户，而不是一直在远离市场的地方从事生产，
这样很难分辨强弱，抓住用户需求。根据以上社会方面和经济方面

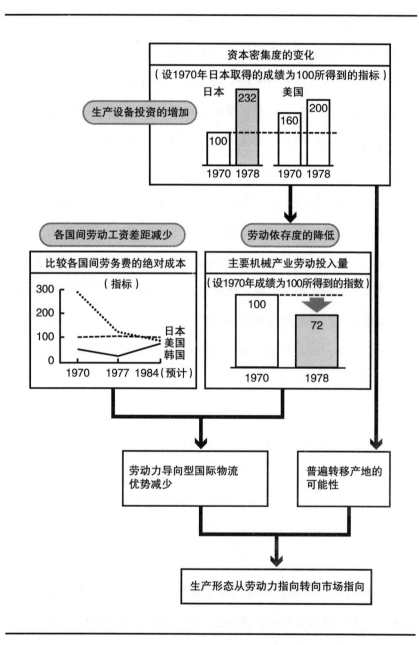

图 7-7　日本海外投资密度的变化

的原因，企业越发需要把重点从以往的劳动力导向型海外扩张转向市场导向或技术导向型海外扩张，创造一套能够在同一个市场内进行生产和销售的体制。

因经济层面和社会层面的结构变化所导致的产销一致的必要性，同时也与政治需求相吻合。众所周知，光靠出口已经很难占据发达国家的市场了。因此，为了避免贸易限制，很多企业开始选择在当地发展。然而靠半吊子的本地生产根本没法从根本上解决问题。不论发达国家还是发展中国家，当地的需求都越发强烈，可想而知，到头来就得在销售市场生产，还得把经营做到本地化的地步，需求才会止步（图7-8）。因此，可见从政治角度来说，也越来越需要一个产销一致，经营本地化的封闭系统。

如何实现地区合并

上文中已经讲述了使每个地区产销一致的必要性，接下来就来思考以什么为单位来合并吧。根据我们的经验，把"国"当成战略单位未免太小，不如以"地区"为单位来得合适。

例如就拿竞争力来说，以国为单位来发展也是太过薄弱。拿欧洲市场的汽车举例，日本虽然有日产和丰田，但以国为单位来看，跟各国领先制造商相比，日产和丰田的销售额只能占到一丁点的比例（图7-9）。如果日本汽车想在联邦德国与德国大众汽车相对抗，恐怕很难以联邦德国市场为单位在当地进行生产和销售，维持竞争力。因为

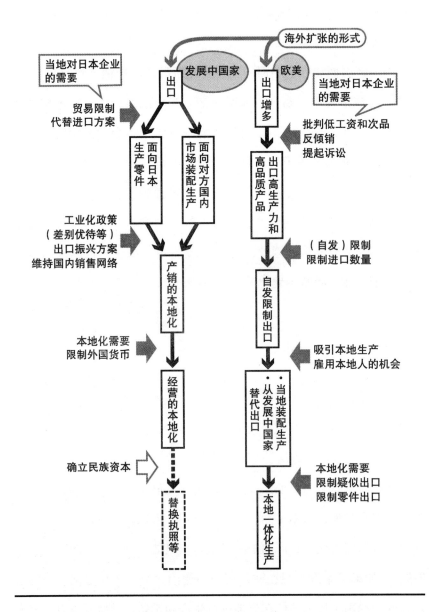

图 7-8 政治层面和社会层面的需求及本地化的渗透

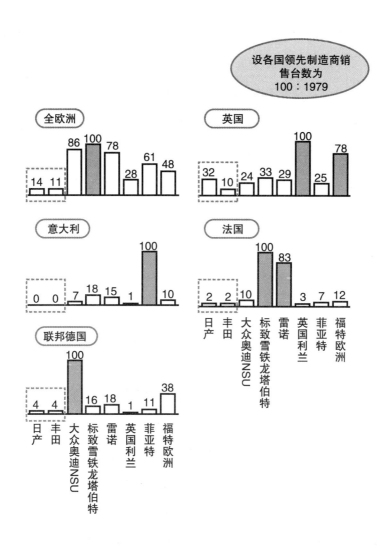

资料来源：日本汽车工业界。

图 7-9　各国领先汽车制造商销量对比

日本汽车相对于德国大众汽车只有 4% 的销售额，因此难免在有较多固定费用因素的销售活动中处于劣势。说到英国，其领先制造商英国利兰（BL）① 弱化，例如日产的销售额比例就占到 BL 的约 32%。可见日产的进军英国计划正是基于这种背景而开展的。然而除了英国，绝大多数国家都是以"国"为单位进行竞争，日本汽车制造商所占份额还少得可怜。

针对以上情况，如果我们以"地区"为单位，把整个欧洲作为一个对象市场来考虑，就会发现丰田和日产即使与在整个欧洲位居前列的标致雪铁龙相比，其规模（销售额在 10% ～ 15%）也不会显得相形见绌。因此，如果日本想把汽车产业扩张到欧洲去，就需要放眼欧洲整个地区，而不是以国家为单位来考虑问题，对竞争而言，需要地区合并化来使产销一体化，使企业活动持续下去。

当然，像以往那样以国家为单位来搞各自的销售活动也没有什么错。然而，考虑到还得丰富其他的功能，特别是吸纳和培养人才方面、市场营销、金融等方面，以地区为单位就比以国家为单位更有优势。例如从人才角度来说，如果想采用优秀的本地人，凭在英国一年销售额只有 50 亿日元的子公司，就很难吸引到想要的人才。如果换成在整个欧洲有 500 亿日元的销售额，且总部在英国，那么状况就截然不同了，想吸纳当地的人才也不再是白日做梦。不光是销量高的问题，组织具备了强劲的实力，员工的职业生涯也会越发有魅力。对当地的管理层来说，就像在自己面前铺开了一条希望大道一样——首先在某

---

① 全名为 British Leyland，主要经营汽车行业，现已破产。——译者注

国的子公司（比如说法国的子公司）爬上高管位置，然后就能再升到销量庞大的欧洲总公司当高管。

从广泛市场营销的角度来讲，地区合并也是于消费品制造商而言的必然结果。再看 EC① 各国，已经形成了跨法国、联邦德国、比利时多个国家的购买集团（Buying Group：就像日本的 CGC 公司和 AIC 公司一样以集体购买为武器的集团购买机构）。另外再看欧洲折扣店这边，也在逐渐形成跨多个国家的渠道网络。在这种流通机构逐步广泛化的过程中，企业如果还按国家来分别制定品牌战略、价格战略、渠道战略，就没法周密完善地应对某些状况了。

此外，就算站在 EC 立场来看公正交易委员会的强化、零件采购、信用贷款、筹资等问题，按地区合并也要比按国家合并来得更有效，而且用很低的成本就能实现想要的功能。

跟上述优势相反，也有人显示出恐惧，认为国家跟总公司之间如果存在地区组织，就会导致交流出现多层次化的问题。然而这里也存在另外一种做法：仔细思考一下就会发现，差别只在于，是在组织方面出现多层次化，还是在总公司方面出现多层次化，或是在当地出现多层次化上，从本质来说并没有什么差别。如果按国来分组织，则总部这边有海外事业总部，其中还有地区责任组织；按地区合并的话，总部海外事业部地区责任组织的功能就转移到了地区总公司，因此，

---

① 西欧国家推行欧洲经济、政治一体化，并具有一定超国家机制和职能的国际组织。欧洲煤钢共同体、欧洲原子能共同体和欧洲经济共同体的总称。又称欧洲共同市场，简称欧共体（European Communities）。——译者注

即便把两边加以比较，也可以在不改变交流层次数量的前提下实现组织化。

从管理和组织层面来讲，地区合并也有优势。可想而知，主要的国际企业都在朝这个方向行动。多数日本企业都在总公司的总经理之下设立了海外事业总部，还在其下设置了地区责任组织，地区责任组织掌握着非常大的权力，管理着各国的子公司（图 7-10）。这种组织体制可能会导致一些问题，例如总公司因远离当地而导致管理力度过强，使当地失去活力。相反地，从管理范围的角度来说，如果总公司的高管因为想要除去交流层面的弊害而直接管理十几个不同国家的子公司，那么就会导致交流障碍。

针对这点，有一些欧美公司在总公司和各国子公司之间设置了地区总公司这一媒介，把众多经营管理主体权力都移交给了地区总公司。IBM、福特、陶氏化学就是其中的典型，总公司实行宽松管理，由地区总公司来细致经营管理下面各国子公司。据 IBM 董事长凯里称，这么做有以下好处：既能缩短公司内部交流过程，还能靠近现场实施决策。

欧洲的跨国企业则更极端一些。有些公司甚至采取了一种接近各国企业集合体的组织结构——各国子公司各自拥有独立的权力，总公司则对其实行宽松管理。例如雀巢，总公司只负责监督和决定额外事宜，其他事情尽量交给各国子公司处理。然而，这种欧洲公司最近似乎也开始倾向于往地区合并方向发展。这些公司遇到了以下问题：按国家来搞没法应对经济地区的合并化，各国组织都非常需要大量人才却吸收不到那么多人才。因此还是只能以地区为单位来重新合并。

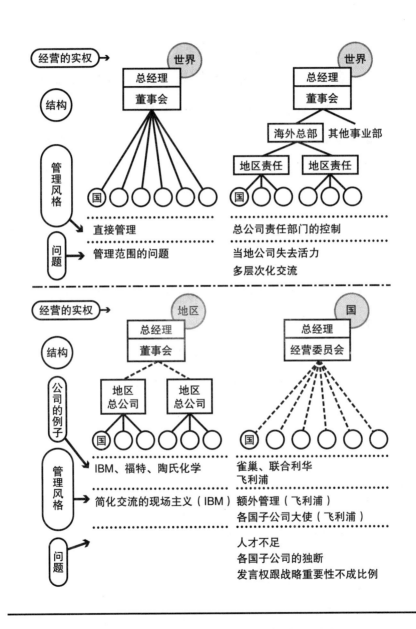

图 7-10　管理主体合并导致的管理问题

地区合并的三个问题

上文中，我们就今后的方向谈论了地区合并的必要性这一基本问题，然而还剩下三个问题。第一个问题，地区合并的基准到底是什么。第二个问题，拥有多种行业的公司要以什么为单位来形成地区合并——是以事业部为单位，还是以全公司为单位。第三个问题，应该如何分配各国子公司、地区总公司以及总公司这三个组织的功能。

a. 根据战略共同点合并

关于地区合并的基准，有一点我尤其想强调一下，就是应该根据战略共同点来合并。要进军的国家刚好在欧洲，刚好在东南亚——根据这种地区上的方便来合并就没太大意义了。

有意义的分配方式，则是要根据战略上的共同点实现地区合并，例如 A 地区是今后哪怕要冒一定风险，也要对其进行积极投资，争取获得较多市场份额的地区；B 地区则是要以保全市场份额为目的，以回收以往投资为中心，实行安全策略的地区。

从战略性角度来讲，联邦德国的 BASF[①] 等公司（图 7-11）没有针对那些对于整个公司来说极为重要的国家来实现地区合并，而是把这些国家单独拿出来作为一个 SBU[②]（战略业务单元）。就算对于已经

---

① 巴斯夫股份公司（BASF SE），是德国的一家化工企业，也是世界最大的化工厂之一。——译者注

② 全名为 Strategic Business Unit。——译者注

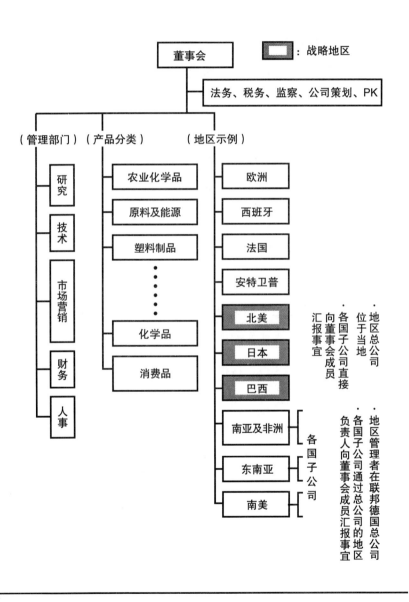

图 7-11　BASF 的结构

扩张到世界一百来个国家的巨大化学公司 BASF 而言，也有尤其重要的地区，即日本、北美、巴西，因此 BASF 就把这三个国家定义成了战略地区。负责这三国的领导拥有很大的独立权力，可以跟总公司的责任董事直接汇报事宜。至于其他的次发达国家和发展中国家则被分成了三个地区，也就是说，形成了以下机制：除去日本的东南亚，除去巴西的南美，以及西亚和非洲这些地区各国的子公司由身在联邦德国总公司的地区负责人管理，并经由负责人向高管汇报事宜。

在经营战略方面也是如此。BASF 针对日本、北美、巴西各国分别制定战略，而其他国家就被视为汇集多个国家的地区战略的一部分。这种乍看上去有些离经叛道的分类方式，其战略性意义反而更明确一些。

然而，很多跨国企业都认为日本是属于太平洋地区的一个国家，为了能让人们把日本当成亚洲部门的一分子来看待，企业在总经理以下四级都设置了日本代表，这很矛盾。而且日本市场和东南亚市场在竞争和用户需求方面可以说完全没有共同点，然而日本市场和东南亚市场已经形成了一个合并，所以高管容易对日本的困境持消极态度，在日本业绩持续萧条的外资企业自然也就会越来越多。因此有些人也就在错误的方向上批判日本市场，说日本市场封闭，存在非关税壁垒，这一状况不容我们忽视。

《财富》杂志排行榜前 500 家公司中的 300 家都是我们麦肯锡公司的客户，我们利用这一立场，一直以来都在给客户指出上述针对日本市场的错误运营方式以及结构上的错误等。近来客户方面的态度也发生了巨大的转变，可喜可贺。

b. 根据部门分类——多元化企业的地区合并

有多种不同事业的多元化企业应该以什么为单位来向海外扩张呢？最终要优先事业合并，所以我们首先应该把事业总结到负责制定全球战略的总公司（部门），在此基础上分不同部门针对每个地区展开战略。因此拥有家电、重型电机、电脑事业的电子产业公司，以及拥有客车、拖拉机、工业设备事业的机械产业公司的战略性地区合并工作会根据各项事业而有所变化。例如发电用原动机，就可以把北美、东南亚、南美作为战略中心，把其他地区集合到一起。另外在通信设备方面，要把发展中国家已经进一步细分的东西当作一个单位来处理，在音响和磁带录像机方面则要把发达国家已经进一步细分的东西当作一个单位来处理。总之就是，很多公司无视各个事业部的战略性差异，单纯以地理因素来实现海外合并，我们需要检讨这一现象。无视应该基于战略性来寻找部门合并的最佳单位，强行把所有部门集合到一起（例如合并成北美和中南美），这样明显会产生问题（图7-12）。

然而，想能够以部门为单位来实现地区合并，就需要各部门具备充足的业务量，这就需要相当长的时间。因此在过渡阶段，也就需要在不同地区构建统领好几个部门的地区持股公司。特别是财务、人事、法务等功能，哪怕跨事业部实现共享化，也应该会带来很多好处。

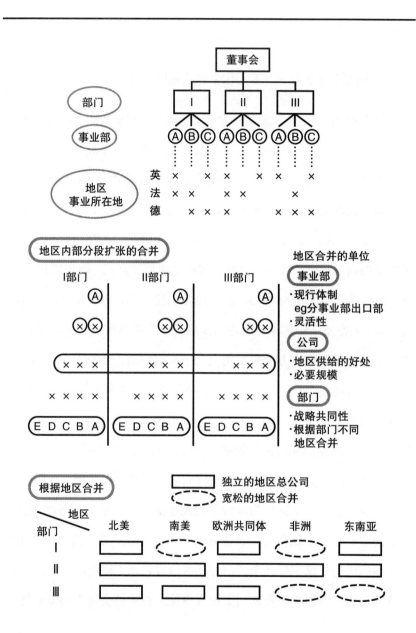

图 7-12　部门合并应基于战略性

c. 功能分配

如果在各国子公司和总公司这两个旧组织的中间新加入一个地区总公司，可能会导致三者之间出现功能重叠。因此，就需要明确分配这三者的功能。说到该怎么分配，那些预计会因本地化受益匪浅的销售和生产，就可以赋予各国子公司极大的权力，让他们来管理。至于像法务、宣传、策划这样集权化好处较大的功能，就可以拿来强化总公司的职能。而那些会因地区最佳化获利较大的财务和人事，则尽量集中在各个地区。还有一些功能也需要尽量贴近现场，好比拿销售功能举例，像价格策略、渠道策略、宣传策略就都需要贴近现场，各国子公司负责主管，地区负责协调。还需要大致分配好各自的任务，消除重复做工、无用功，例如品牌和物流策略方面尽量由地区总公司来负责，至于跨区出口就由总公司负责（图 7-13）。

当然，并不是这些功能就归这个部门管，根据行业特性和地区特殊性，部门所掌管的功能也会发生变化。例如食品和服饰，不同国家消费者的喜好和大小都不一样，这种情况下，就很有必要把销售和产品开发功能分配给各国子公司。相反地，至于工作机械和汽车这种可以实现技术和产品的互换性和标准化，而且在任何国家都能卖出同样款式的行业，就可以把销售和生产的实权移交给以商圈为单位的地区总公司。事实上，三个部门理应在不同商品的平衡性上存在差异（图 7-14）。

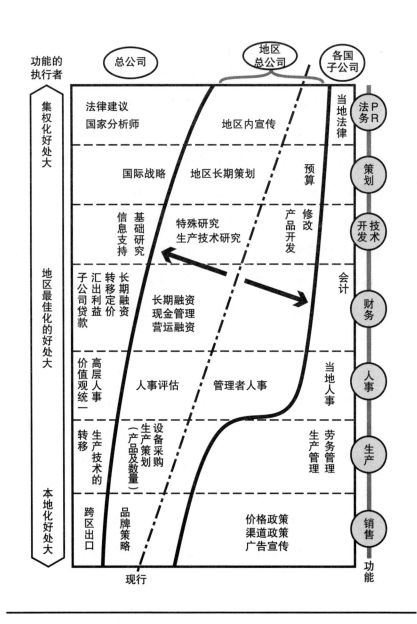

图 7-13　跨地区企业总公司和地区总公司间功能的分配

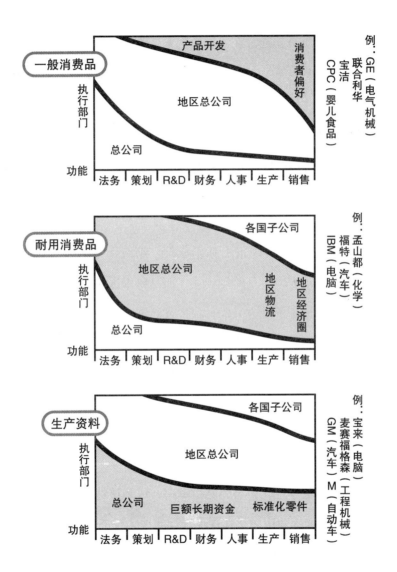

图 7-14　行业差异

从地区特殊性的角度来看，像欧洲共同体各国那样能够在共同体内部实现较为自由的贸易，人们交流也比较频繁的地方，地区总公司就应该大体掌管所有功能。在发展中国家，则需要让各国子公司多分担一些生产和销售事宜，加上当地市场尚不发达，总公司在财务方面起到的作用会大一些（图7-15）。

通过像上面这样重新分配功能，一方面能让各国子公司和地区总公司对当地市场进行密切且灵活的经营管理，另一方面则能够通过总公司形成国际企业的躯干，这种国际企业可以整体利用国际扩张的优势。

分析如上经济结构的变化、政治状况、组织优势等条件，可知今后日本企业的发展方向不是跨国企业，而是跨地区企业。以往跨国企业都采取在价格低廉的地方采购材料，在能够获取廉价劳动力的地方从事生产，然后销售给最佳市场的模式在世界各地大肆扩张，而考虑到如今的世界形势，这种模式已经完全过时了。

今后企业需要换个方向，以国际企业为目标前进，此处国际企业的定位是一个半独立的地区企业的结合体，包揽各地区的生产至销售流程，甚至人才和资金方面的企业活动（图7-16）。重点在于，各地区总公司都要尽量本地化，努力站稳脚跟，成为该地区的领军企业。这样一来，也就能提前应对正在逐步进行的地区经济化浪潮。很明显，今后的世界不会走自由贸易方向，而会朝着地区化发展——我们必须基于这一思路来制定国际战略。

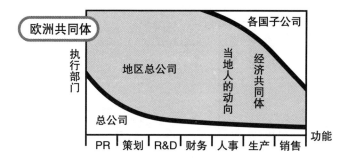

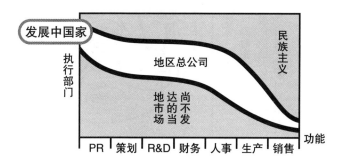

图 7-15　地区差异

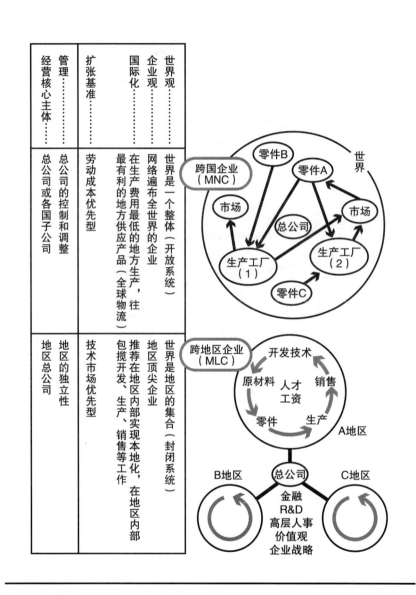

世界观……	企业观……	国际化……	扩张基准……	管理……	经营核心主体……
世界是一个整体（开放系统）	网络遍布全世界的企业	在生产费用最低的地方生产，往最有利的地方供应产品（全球物流）	劳动成本优先型	总公司的控制和调整	总公司或各国子公司
世界是地区的集合（封闭系统）	地区顶尖企业	推荐在地区内部实现本地化，在地区内部包揽开发、生产、销售等工作	技术市场优先型	地区的独立性	地区总公司

图 7-16　跨国企业和跨地区企业对比

不光在多个国家发展事业才能形成国际企业，几家顶尖的地区企业凑到一起也能形成强大的国际企业。比方说，就算把事业发展到了 20 个国家，在每个国家却只占一点点市场份额，再加上收益也很低，即便把这些分公司全都合在一起都算不上国际企业，也没法发挥企业的长处。反观 IBM、卡特彼勒以及可口可乐等其他优秀的国际企业，这些企业在绝大部分的目标国家都保持着第一或第二的市场份额。也就是说，优秀的国际企业指的就是优秀的各国、各地区的公司的集合体。大家需要认清一个现实：以往拿在本国的优势当套票，几乎能自动保证"享有优势"的美国型跨国公司的模式已经完全落后于时代了。

三、总公司体制

如上所述，跨地区企业（MLC）会把总公司以往拥有的大部分管理和调整功能移交给地区总公司。那么，总公司又该做些什么呢？我们认为，总公司应该放弃原有的那些"控制"功能，实现两项截然不同却非常重要的功能。其中一项功能就是从全公司的立场出发，决定各地区间的"战略资源分配"。另一项则是充当"润滑油"的角色，辅助地区总公司和各国子公司，使其顺畅地运营下去。另外，为了实现这两项新功能，我们认为总公司还必须确立国际工作组织，强化责任组织。

跨地区企业的强大之处，在于它结合了"跨"和"地区企业"两种优势。这样一来，跨地区企业才能胜过没有"跨"这一部分的单纯的地区企业，以及"地区"部分较弱的跨国企业。想要壮大地区企业的侧面优势，就要由地区总公司来充当主体，总部则起到支援地区总公司的润滑油作用。至于那些地区企业不占优势的功能，总公司就要起到战略方面的作用，令"跨"的侧面优势最大化（图7-17）。

润滑油功能

总公司的功能是向全世界有效地提供最新的经营信息。例如谁正在哪片市场卖什么产品。另外，如果某地区发明了非常先进的生产技术，也要把这项技术运用到其他地区。还有培养国际专员。提到国际化就一定会谈到财务方面的诀窍，积累这方面的诀窍，并把诀窍提供给各国子公司。还有，为了实现本地化，支援必要且广泛的政治活动和宣传活动，再时常通过这些活动来判断各国的市场风险等。上述促进地区总公司运营顺畅的润滑油作用，才是总公司必须起到的真正作用，另外这一职能要尽量由少数人来负责，这也是为了排除对地区总公司的不必要的管理和命令。

战略资源分配功能

另一个职能就是决定战略资源的再分配。其中一个例子就是为了今后的长期融资，而在全世界范围内用最廉价的方式融资的功能。用欧洲美元融资，在北美发行债券，在日本银行借款，在全世界范围内用最廉价的方式融资，把资金提供给高价市场，这样一来，企业就变成了国际金融活动的核心。另外，决定要如何在全球范围内分配人、财、

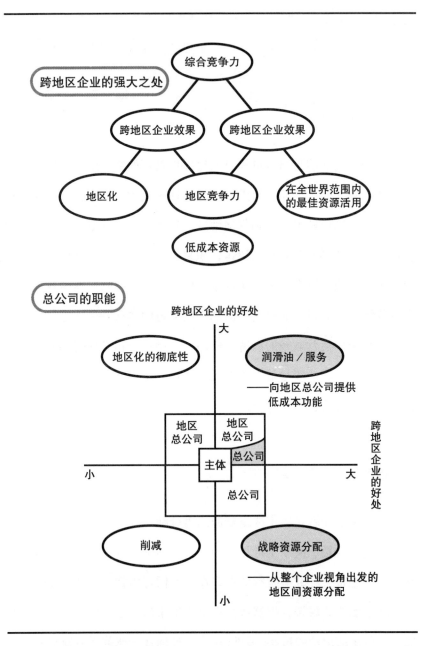

图 7-17　在跨地区企业中，总公司的战略作用很重要

物等经营资源（包含研究费用和人事费用）也是总公司的职能。如果不以总公司为中心来执行这种经营资源分配功能（尤其是专业人士的再分配方面），就很难从局部最佳化的困境中脱身。

　　总公司还有一项非常重要的战略功能，就是把事业涉及的各个地区的特色应用到整个公司的状况之中。假设某企业扩张到了欧洲共同体、美国以及日本地区，则该企业在各地区的强项是不同的。在欧洲，该企业在基础研究、商品设计、国际金融方面非常强势；在美国，该企业则在天然资源、R&D、创新企业等方面展现了自己独特的优势；在日本，该企业则在生产技术、应用开发、劳动生产率等方面有着其他地区所没有的强大力量（图7-18）。总公司一项非常重要的功能就是做调整，也就是在全公司范围内互相交换利用这些地区各自的强项。

　　以往企业是利用做好的商品在全球范围内进行贸易活动，而如今MLC的总公司的作用正在向着如下方向逐渐改变：各项功能的强项在几乎各自独立的地区总公司间畅通无阻，不管涉及怎样的功能，都能消除其在竞争方面的弱势。反观施乐公司，就对产品性能的要求非常高，也就是说，对于技术是关键的高速机械领域，就把美国设计好的产品移交富士施乐公司在日本制造，供应给日本市场，而针对价格竞争是关键的低速机械领域，就利用日本的优秀技术和低成本生产力，在日本设计，在日本制造，再把产品供应给主要市场——美国及欧洲。利用日本这一目标地区的强项，竞争时就能比其他目标地区（欧美市场）的竞争制造商拥有更有利的竞争条件。此外，这样做也能充分对抗日本其他企业发起的攻击。

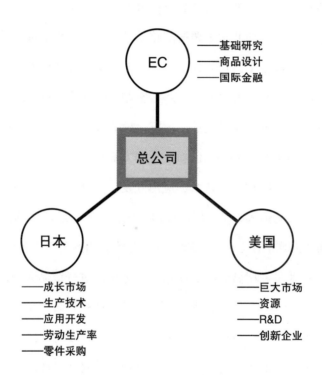

图 7-18　地区优势的源泉

同样地，据说 ITT 在世界各地都拥有研究所，并委托那些在各个领域从事最尖端研究的国家来研究能发挥其特色的项目，这样就形成了一套机制，能让整个企业时刻掌握最新最佳的信息和最尖端的研究成果。

相反地，也有好不容易跨了地区，却没能使每个地区的强项为整个公司所用的企业。福特设置在欧洲地区的公司欧洲福特在欧洲市场拥有不少于通用的市场份额，是一家曾经获得过巨大收益的优秀地区公司。然而，其车型主要都是不超过 2000cc 的小型车。因为本国（美国）在小型车战争开始时没有舍弃美国的主体是总公司部门这一思路，所以谦虚地没能把在欧洲的优势发展到美国。因此美国福特结果就跟克莱斯勒和通用一样，从正面扛下了外国车的攻势，一同倒了下去。

从以上事例可以明显看出，并不是只要到各个国家去创造地区集团就行。总公司需要在重要地区布满天线，从全球范围来掌握市场动向，时刻把每个地区独有的特色转化成整个公司的特色，只有这样，发展跨地区公司才有意义。总公司作为担任这种战略功能的组织，担任着比以往任何时候都更加重要的重大职能。

国际专员的培养

为了实现这一职能，就要培养新型人才。为了起到润滑油的作用，就需要精通国际金融和外汇的国际金融人士，为了顺利推进本地化，就需要采取有效的手段（甚至包括游说活动），培养精通各国政治、社会、新闻业的宣传人士（公关经理）。另外战略人员则需要是精通所有国际经营知识、具备战略视角、经历过无数回实战的战略家。

当今的日本企业尤其欠缺的是国际金融层面和国际政治层面的专业人才的培养工作。虽然贸易公司有着在全世界来说也算是优秀的国际工作组织，但制造业方面还是以擅长LC①等出口业务的人员为中心，缺少拥有必备专业技能的人才。虽然在国际金融方面有会计人员，但是这些人员只具备能处理好多种货币，把外汇风险降到最小的能力。再说到现金管理方面，能在大量借贷资本的情况下，把平日的运营资金需求最小化，把多余存款拿到短期的外国资本市场去，从而赚取利润的公司可谓是屈指可数。据说康宁玻璃公司以海外部门为中心，通过对现金管理进行改革，竟把以往的运营资金需求减少了20%。现金管理领域对日本企业来说也是留有很大改善空间的领域。

从国家风险的评估、贸易政策、本地化等方面来说，政治学和经济学是关键问题，这一点也已经为人们所逐渐理解，然而这方面的专家还没有培养出来。对政治外行的经营人士一旦遇到贸易限制问题，就会干出在《纽约时报》上发表反对贸易限制声明这种不相干的事儿。或者是在议会和议员组织都拥有立法实权的美国采用玩命往政府机关跑的日式做法（这还是被骂成工业统计局的商务省），而议会已经被对方的游说僵化了。要培养精通政治、社会、历史的国家分析师的时代已经到来了。

---

① Letter of Credit 的缩写，信用证。——译者注

人才培养要以内部教育为第一位，同时要想加速培养人才，还可以灵活运用外界的专业机构。

组织的强化

为了实现总公司的新职能，把战略落到实处，就需要在新的组织管理系统下明文规定总公司的职能。

例如IBM（图7-19a），就规定了总公司的管理部门可以决定（以生产和财务为中心的）企业战略，也就是说，总公司的管理部门有着战略组织的功能。同时，IBM拥有充当海外分公司的国际贸易公司，这些国际贸易公司其中的人事部门，还有各个地区总公司——负责欧洲、近东和中东、非洲（EMEA①）和美洲、远东（AFE②）的两家地区总公司各自的人事部门执行工作时，在销售和市场营销方面都拥有非常独立的权力。

再看陶氏化学（图7-19b），则更彻底地分配了总公司和地区总公司的职能，为了缩减交流工作而撤去了原有的海外事业部。总公司的人员向各地区企业的经营委员会提供专业知识，也就是说，一方面起到润滑油的作用，另一方面还实现了给高管提供战略性意见的职能。另外，被称为公司产品部门的制造责任部门，其职能并非像其他众多

---

① Europe，the Middle East 和 Africa 的缩写，也即欧洲、中东、非洲三地区的合称。——译者注

② America 和 Far East 的缩写。——译者注

企业眼中的那样直接管理海外生产，而是起到一个润滑油的作用，例如在地区之间对生产执行微调，决定要把产品供应给哪片新市场等事项。还有，长期培养生产技术方面的专业人士，并把这些人士送往海外的生产基地。

通过这两家公司的例子，可知如果想要让地区分公司的概念真正运作起来，就需要把总公司的新职能融入组织之中。然而，把海外责任部门组织化并不等同于设置海外事业部或国际部。我们也屡次目睹有些公司尽管设置了海外事业总部，却没令其成为一个战略部门和润滑油部门，反倒使其成了一个代表本国制造或出口部门的"中央控制"部门。这里所说的海外部门的组织化指的是把实现公司新职能的机构确立为一个组织。以存在地区总公司为前提，总公司新的组织的人数恐怕要比以往海外事业总部的人数少得多。

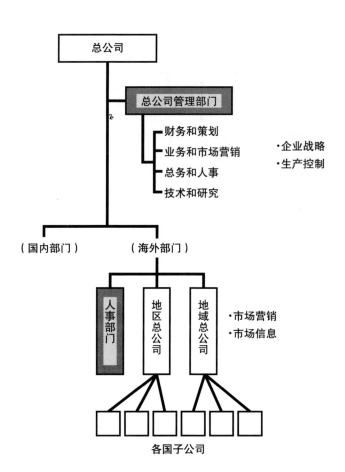

图 7-19a IBM 公司内部管理结构图

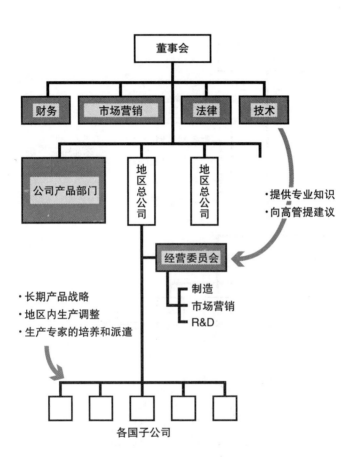

图 7-19b　陶氏化学公司内部管理结构图

四、向国际企业进化的过程

渐进措施

上文的 MLC 和日本企业至今国际化阶段的形态相差甚远。基于这一情况，我们想在这里思考一下日本企业今后该如何朝着国际企业迈进。

拿日本制造业的国际化发展程度来看，上市制造公司中有 50% 还处于单纯出口的阶段。在海外直接投资的制造公司中，超过一半都还停留在拥有销售公司或是拥有销售公司和部分组装工厂的阶段。进展到超过以上阶段的企业屈指可数。特别是在发达国家开始全面生产产品的企业，最多也就几十家。从这种初期阶段移动到我们描绘的 MLC 阶段，还需要走相当长的一段路（图 7-20）。因此，多地区企业化的道路险峻漫长，我们必须基于完善的步骤才能开拓出通往前方的路。

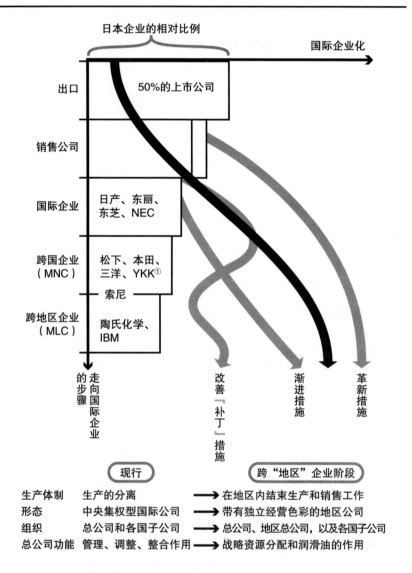

图 7-20　国际化阶段和走向 MLC 的方法

当然，像打补丁似的一会儿搞出口、一会儿搞部分生产工作，一旦环境变化就又追求暂时性解决方案——这种定不下方向的路线明显是不行的。另外，想要一口气达到最终阶段，试图实现革命性转变的思想也有着相当大的破绽。论其原因，如上所述，生产体制、形态、组织、总公司功能的现有状况都跟多地区企业阶段必须实现的功能之间存在着非常大的差距，如果想要填补这一差距来促进发展条件的成熟，那么不管是在技术层面还是在组织人才层面都得花费很长时间。

如果非要在短时间内急速推进改革，就会引发种种问题，增加风险。因此希望各位把通向 MLC 的路视为一条"进化之路"。也就是说，今后企业应采取的途径就是怀着长远眼光来稳步推动内在条件的成熟，实现进化。

那么为了稳步越过这些关卡，都需要做到哪些事呢？就我们的经验而言，我们认为最重要的是下面四件事，也就是取其英文首字母的 A、B、C、D 这四件事。

A= 加速进化（Acceleration）

B= 大量培养国际性人才（Breeding）

C= 持续努力进化（Continuity）

D= 明确进化的方向（Direction）

这四件事我们之后还会说明，这里就再讨论一下"进化论"吧。

技术竞争力的转移性

我们先从技术角度来解释。要想从事海外生产且脱颖而出，肯定就需要具备竞争力。问题在于，能不能把在日本进行生产出口时非常强劲的技术竞争力也给转移到海外生产里去。日本很多产品的技术水准不管在产品技术上还是在生产技术上都已经凌驾于欧美之上，或是已经拥有同等的技术力量（图7-21）。然而，如果谈到能不能把在日本国内生产时所拥有的强劲技术力量同等发挥到海外，就不得不画个大大的问号了。

以汽车为例，丰田强大的技术力量及生产效率都源自其独特的看板方式[①]以及看板方式连带的集中设备投资。也就是说，企业中存在多面手，且绝大部分转包工厂都聚集在离丰田市十几公里以内的位置，能够随时提供零件。而且丰田还实行集体教育，提倡由工人消除浪费，重视生产效率的"丰田精神"。做到这些，才有可能实现技术竞争力的转移，因此可想而知，丰田就算想把这套方法应用到美国去，也是非常困难的。如果采用把问题局部化的看板方式，或许就会一不小心破坏跟工会的团体交涉形式。彼此的劳动情况就是这么不同。

同样都是汽车公司，日产强大的生产力多半是因为采用了（据说是）全世界最多的工业机器人。另外日产在运营分散在关东一带的工

[①] 由丰田汽车开发实施的生产管理方式。尽量减少库存，基于"只在必要的时候按必要的数量做必要的东西"这一思想，这一思想又被称为"just in time（准时化）"。——译者注

○顶级
△略高于平均水平
✕略低于平均水平

	与欧美水平相比较		
	产品技术	生产技术	价格竞争力
相机	○	○	○
钟表	○	○	○
普通钢	○	○	○
音响	○	○	△
外设终端机	○	○	○
玻璃	○	○	△
陶瓷	○	○	△
轮胎	○	○	△
胶卷	○	○	△
电力机器	○	△	
测量机器	△	○	
合成树脂	○	△	✕
铝冶炼	○	○	✕
商用机器	△	△	△
通信机器	△	△	△
半导体和IC[①]	△	△	△
中小型电子计算机	△	△	△
医用机器	△	△	△
染料和颜料	△	△	✕
食品	△	△	✕

注：Integrated Circuit的缩写，指集成电路。
资料来源："技术革新的渗透分析"（科学技术与经济之会，1979年）。

图 7-21　1985 年各行业技术力量及价格竞争力的对比推断

厂时也有自己的诀窍。考虑到以上条件和人才组合，可见日产比丰田更容易往海外转移先进的生产技术。

日本在相机方面的技术和竞争力都达到了世界首位。然而这份强大的力量依存于围绕转包的零件采购力量和优秀的产品设计能力，就算在欧美开设工厂，在当地采购零件，设计产品，也很难做到把技术水平维持在与日本国内相同的高度。至于磁带录像机也是如此，如果没有精密加工技术的基础，就很难把生产（又被称为微米级的比赛）转移到海外。

因此，想要根据跨地区企业的产销一体化模式在海外进行当地生产，同时维持跟目前的出口基地同等水准的生产技术竞争力，就必须努力实现技术转型，从而把国内生产技术力量渐渐向海外转移。如果不付出努力，而是单纯从事海外生产活动，就会反复重犯原先企业常犯的那些错误：品质和成本上发生重大问题，原先出口的时候还拥有强大的竞争力，一旦把生产活动换到海外，就会被当地企业一拳秒杀。

例如，如果某样产品需要用到日本的优秀生产技术，而这种生产技术又依赖于日本独特的人力条件，那么首先我们必须做的，就是面向外国来调整加工工具和生产流程，实施标准化。这样一来转移就简单得多了。光看以上关于技术转移性的这点东西，大家就知道一步步走向 MLC 要花多少时间了吧。

组织和人才层面的不匹配

我们认为，向 MLC 转移需要"进化"这一概念，且"弥补不匹配的工作"要分三个角度来做。下面我们就通过三个角度来琢磨一下这一观点吧。

组织和人才层面存在三处不匹配。想走向国际企业，还是得花时间慢慢解决这些不匹配，一步步进化。

a. 多面手和专家的不匹配

首先我们来说说多面手和专家的不匹配。企业在成长阶段，要由既懂销售，又懂生产和精通会计的万能型超级多面手来作为开拓者负责搭建其基础。等企业成长到了一定阶段，根据各项业务的规模和工作量就会出现负责不同职能的专家，例如出现生产技术专家，从而专业细分化有所进展。

同样的情况也适用于海外扩张（图 7-22）。在企业还是销售公司和组装工厂的早期阶段，身兼领头人的多面手就会在一定程度上巩固自己的地盘，之后会出现进口的专家、装配生产的专家、负责财务的专家、负责广告宣传的专家。

在 MLC 构思的基础上构造独立的地区企业体时，想必需要新的超级多面手来搭建地区企业体的基础。为了实现产销一体本地化，我们需要的专家不再是当时以进口事务为中心的专家，而是精通本地经营管理手法的人才。

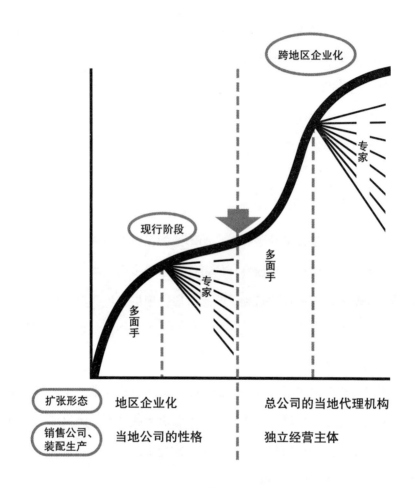

图 7-22　不同发展阶段需要的人才类型

如果想一口气发展到跨地区企业阶段，就会发生如上所说的人才组合的不匹配（图 7-23）。例如，有一家以出口为中心的公司，其海外子公司的高管多是总公司派遣过来的职员、分店店长、销售经理这类人物。而相对地，如果想把海外子公司发展成一个独立的地区企业体，就需要精通产销的总经理或是事业部部长这类人才。反观总公司的员工结构，海外总部的成员也往往是由更为擅长出口业务的人组成的专家团体。然而，今后总公司需要的员工是起到润滑油作用的国际专家。如果想再担起一个资源分配责任，就需要战略家。就算想在内部迅速培养这种人才，也很难培养出来，必须在确定了方向的基础上，耐心花时间来培养。

b. 经营风格的不匹配

第二点是经营风格的不匹配。总公司的决策方式、劳动习惯以及企业文化受很多因素影响。比如企业悠久的历史、总公司所在国家的文化，以及上层经营者的个性等。那么我们能不能把这种经营风格轻轻松松地转移到几千公里以外的新的地区子公司去呢？相当困难。在海外收购企业时经常会出现这种状况。

日本企业的海外扩张形式包括收购和新设投资①。收购的时候，被收购的公司已经有既定的劳务习惯、生产习惯、决策流程等某种经营风格。如果我们想用新的母公司——日本企业的经营风格来经营被

---

① Green-field investment：母公司在国外建立分公司，建造新厂房。——译者注

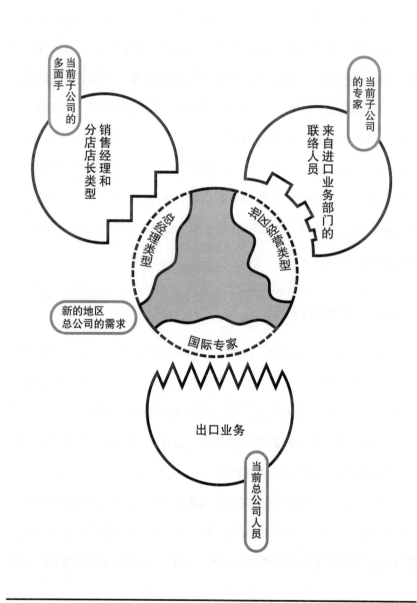

图 7-23　人才：技术的不一致

收购企业，就会产生许多摩擦，如果硬是要把日本企业的经营风格加在被收购企业的身上，就会使被收购企业失去以往的优势和活力（图7-24）。事实上，这种在收购活动中发生的经营风格的冲突在欧美企业中也很常见。即使像瑞士企业收购了美国企业，法国企业收购了联邦德国企业这种例子，收购之后也时常会无法顺利经营下去，而其原因主要是经营风格的不匹配。

经营风格是收购企业后最大的课题，这一点不分地域。更何况日本企业本就不习惯收购，收购企业文化与本企业大相径庭的海外企业时，自然而然就会伴随着这种经营风格不匹配的问题。在同一家公司的总公司和海外子公司之间也会发生同样的情况。如果派往当地的负责人没有相当的才能，两种文化圈之间仿佛就夹着一个没涂够润滑油的合页，问题也就源源不绝。

在未开发地区建立新工厂的时候，如果做好充分准备，就不会发生像收购时那种极端的文化和风土的冲突。因为是从一张白纸开始建工厂，聘用员工，所以如果雇用到了合适的管理者，就能对员工进行教育，使员工渐渐贴近自家公司的风格。虽然这种做法很难造成经营风格的不匹配，但反过来，想让新公司以企业身份来充分运作，也需要花上很长的时间，激进甚至会造成反效果。

涉及经营风格不匹配的问题，日本企业就来到了一个巨大的岔路口。是要让总公司本身的经营风格更国际化一些，从而能灵活地应对被收购方，还是就当前来说，即使花点时间也要坚持在自家工厂慢慢做下去呢？从上述经营风格的问题来看，我们也能明白，想要一口气

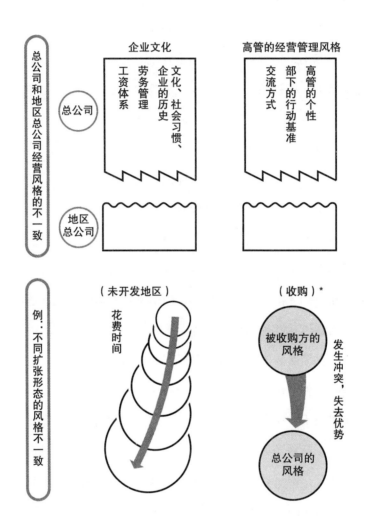

* 据麦肯锡公司调查，通过收购实现对美扩张的企业中，有三分之二都呈现赤字低迷状态。收购流程（收购赤字公司）及收购后经营体系的差异是导致运营出现问题的主要原因。

图 7-24　硬把自己企业的经营方格强加到被收购企业上，
往往会使其失去以往的优势和活力

实现国际化是很困难的，我们必须在定好方向和方针的基础上来管理
自身进化的过程。

c. 权限和权力的不匹配

第三点就是权限和实际权力的不匹配（图7-25）。难得总公司在
海外建了事业总部，还给了海外事业总部名义上的权限去制定规则来
推进地区总部的分权化，这些部门却在组织层面上没什么地位，人事
权并不受自我控制，因此没办法随心所欲地行动。

例如，调查一下海外事业总部部长的地位就会发现，两家公司里
只有一家会把海外事业总部部长的地位置于常务级别或常务级别之
上。而且两家公司里只有一家公司会让海外子公司的领导坐到总公司
的部长或科长级别的位置，即便这样也很难能跟总公司高管直接说得
上话。被派到当地的专家一般也会基于原籍主义来思考问题，总觉得
早晚有一天要回去原先的会计部、人事部、营业部等部门，不管怎样
都无法摆脱原有组织的权力体制。这样一来，就算给海外部门多少分
工权限，实际执行起来也会有很困难的一面。

想实现企业的国际化，就必须逐步消除刚刚所提出的组织和人才
方面的三个不匹配，一步步实现进化，因此也就需要花上很多时间。

用于进化的 A、B、C、D

那么，我们该如何稳步进化呢？为了实现稳步进化，上述的四个

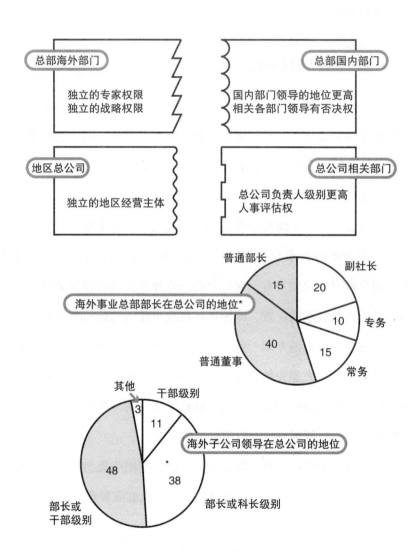

图 7-25　职权和实际权力的冲突

A、B、C、D 是不可或缺的。

首先是 A，Acceleration——加速进化。

这里的关键在于，很多工作哪怕只有干劲也能实施。例如，把马上能移交的东西陆续移交给地区或各国子公司，而不是等待所有条件都备齐了再慢慢对各地区实施分权化。

对地区企业分权化来说，尤为重要的一点是针对出口转换思路。就算海外直接投资增加了，日本方面的出口也仍然起着很大的作用。而且只要商品还在出口，日本总公司的制造部门和销售部门就会不断创造"市场需求"，并把这些需求付诸商品化。而且，这些部门往往还会想介入和管理当地的活动（例如这类商品的销售方法等）。然而按照MLC的概念，我们应该把位于欧美的子公司视为具有主体性的"进口公司"，而不是代理总公司出口业务的机构。美国子公司应该自担风险进口符合美国市场需求的产品，如果从日本进口的价格较高，就应该从欧洲和亚洲的分公司进口，也可以从自家公司以外的其他公司进口。

像上面这样转换思路后，假设就算日本方面一直在出口，也会加速贴近本地的地区企业的蜕变。就拿家电制造商来说，近年欧美的子公司都不再通过总公司，而是按照自己的做法直接从东南亚购买收音机等产品。

接下来是 B，Breeding——培养海外扩张所需要的人才。

今后企业需要的国际工作人员得是经营方面的专业人士，也得是国际经营的专家。想要培养这种人才，关键在于要在公司内部创造接纳新型国际工作人员的基础环境，也就是给国际工作人员铺设一条职业道路。

目前日本约有两万名海外派遣职员。据通产省的产业结构审议会称，20 世纪 80 年代中后期大概已有 9 万日本人以海外派遣职员的身份被派往了世界各地。然而，根据近年来对海外派遣职员进行的问卷调查结果显示，有越来越多的人表示"我受够在海外工作了""想早点回日本""海外派遣职员已经不是什么精英了"。说到讨厌海外工作的原因，其中一项就是牺牲了个人生活，例如家庭和孩子教育等问题。同时，也有人担心继续待在公司里没有前途，而这也是一个非常关键的因素。这是一个很严重的问题。

日本大公司里的职业道路是这么一回事：从进了公司到三十五六岁之前都会被作为一名专家来培养，要以管理者的身份从事多面手工作则要等到 45 岁或 50 岁以后。可是，就像上文所说的那样，在跨地区企业化的开拓期，企业所必需的人才是年轻且充满企业家精神的多面手。然而，按照日本的职业体系，占据海外子公司多面手一职的都是 50 岁左右、缺乏国际经验的厂长或部长。对这些人来说，怀着企业家精神去海外给子公司打基础是一件很难办到的工作。而且如果失败了，还会被烙上管理失职的烙印。可以认为大家会如此不安也是这种背景条件所致。反过来也一样，有人在 30 岁出头当上子公司的管理者，5 年来以多面手的身份在各个领域大展身手，就算 35 岁以后回了总公司，总公司也没有适合这种人待的地方。基本上就是回到制造部门或销售部门干跟年龄相符的专业工作。他 5 年来作为多面手积累的素养基本无法得到发挥。更何况还可能导致负面效果。从海外派遣人员的口中能经常听到他们诉说这种职业方面的不安。

国际专家也是如此。例如某人以子公司的会计负责人的身份被派遣到海外，即便熟练掌握了海外的金融、财务、会计工作，一返回本国，就会回到基于原籍主义的原会计部。然而本国会计部的文化就是走升职路线，晋升体系在日本国内占的比重较大，这时候如果某人回到了原籍，往往就会尽量去避免被人看作国际专家，想适应国内的情况。这样一来，某人在海外积累的财务经验也没法活用在企业身上。

想要消除上述培养国际工作人员时会遇到的各种问题，就要事先确立一条让海外派遣人员和国际化专员都能安心接受的职业道路（图7-26）。

根据瑞士和荷兰等跨国企业的状况可以看出，一开始他们就分出了国内专员和海外专员。海外专员身处企业的海外部门之中，总是在海外调动：一开始从小国的子公司做起，后来慢慢爬到大国的子公司，在海外部门里的地位也在不断上升。然而，考虑到家庭状况等问题，日本恐怕很难采用这种欧洲风格的体系。

打造新职业道路的另外一个方法就是考虑给多面手专门设置一种晋升模式。也就是说，趁员工还年轻的时候开始，就培养他们以多面手的身份来经营管理国内相关子公司，而不是到35岁之前都在各个部门接受专业培训。可以考虑给这种人铺一条职业道路：刚开始去各国的小型子公司做起，将来当地区总公司的高管候选人。

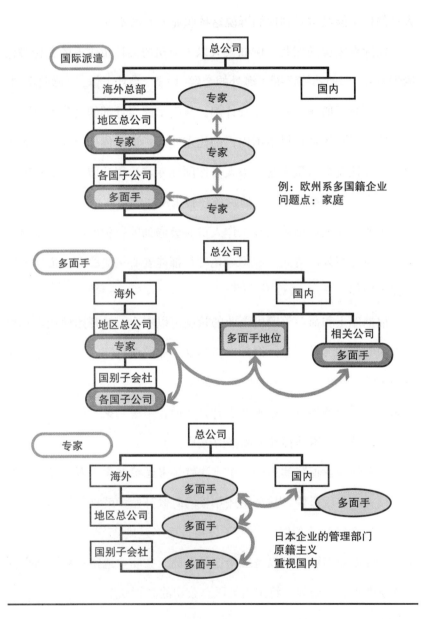

图 7-26　海外专员的职业道路

另外，还有必要时常在总公司和地区总公司配置面向海外的专家，例如某国需要会计事务专员，某个地方需要计算机事务专员这种时候，就可以马上把合适的专家派遣到当地去。在这种情况下，他们就是精通海外关系的人才，应该给予他们足够的待遇和地位。因此，起初高管就应该努力指导总公司人事部门提高海外人员的比重。可想而知，只要不给国际工作人员铺开一条职业道路，不管送去多少 MBA 留学生，都培养不出来具备实质性内容的国际人才。

下面是 C，Continuity——让进化持续下去。

关于这一点，关键在于高管的持久奉献。观察索尼、本田、京瓷、先锋、三洋这些海外扩张成功的企业，我们会发现高层管理者时刻都把自身的热情倾注于公司的国际化一事上，并长期指导海外扩张工作。此外，那些海外经营一直都很顺利的公司都是由海外部门的负责人来持续监督国际化工作的。然而据我们所见，很多公司大概平均两年就会换一次海外事业责任总部的部长。特别是对日本声名显赫、根深蒂固的财阀系大公司来说，这种倾向尤为强烈。这样一来就算存在海外部门这一组织，也很难赋予国际化政策持续性，而且海外子公司的本地经理也没法静下心来好好工作。今后，高层管理者自身需要对跨地区企业做出充分贡献，赋予方针和战略连贯的持久性。

然后是 D，Direction——明确进化方向。

明确进化方向的有效措施就是把针对国际化的统一价值观渗透进公司内部。比如三洋，据说就有明确的价值观和固定的方向："销售额的三分之一来自国内生产，三分之一来自出口，三分之一来自海外生产。"同样索尼也用"世界的索尼"这一口号把"国际活动就是企业的存在本身"这一理念灌输给了员工。另外 NEC 还用"美国是国内市场"的说法明确了美国的战略地位。企业需要把这类口号渗透进整个公司里，以固定国际化的价值观，逐步打破以国内为主导的狭隘价值观。而不能像日本某些汽车公司那样，等到被逼入绝境再去发展国际化，就算亡羊补牢，就人才和价值观而言，这些企业也都已经远远跟不上其他企业了。

最后我们来总结一下。本章我们想强调的有以下三点。

①对日本企业而言，今后海外扩张要走的不是跨国公司（Multi National Company，MNC）的方向，而是作为一个地区企业的集合体，走跨地区公司（Multi Local Company，MLC）的方向，在地区扎根，在地区内部进行从销售到生产都连贯且独立的企业活动。

②在组织层面上，则要在总公司和各国子公司之间设置地区总公司这一媒介，把地区总公司作为经营管理的主体，弱化总公司的中央集权性统治色彩。因此，本公司的功能就是润滑油功能和战略资源分配功能，需要培养真正的国际工作人员。

③因为存在技术转移性的条件和组织、人才方面的不匹配，使得跨地区企业即使想迅速改革也做不到。倒不如耐心消除各种不匹配因素，花时间来整顿企业的体制来得稳妥。想要稳步走上这一进化过程，首先就要着手进行 A、B、C、D 所示的四项改革。

通过一步步推进我们提出的走向 MLC 的进化过程，日本制造业就能维持强大的竞争力，把欧美巨大市场当成供其成长的食粮。另外，还要准备走向国际化的内部条件并使其成熟，这样过不多久，就能有效利用合作、收购、合并等各种选项来进行海外扩张了。

海外扩张常有着不同文化圈相互融合的一面。迄今为止，欧美绝大部分的领军跨国企业（除去雀巢、IBM、卡特彼勒这样的极少数企业），都不能说越过了母国国境，在真正意义上长期取得了成功。日本企业的国际化不只包括技术层面和数量层面，还包含组织运营层面，甚至还有企业文化层面，不把基础打造扎实了，成功也就无望。

安田隆二

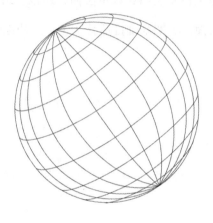

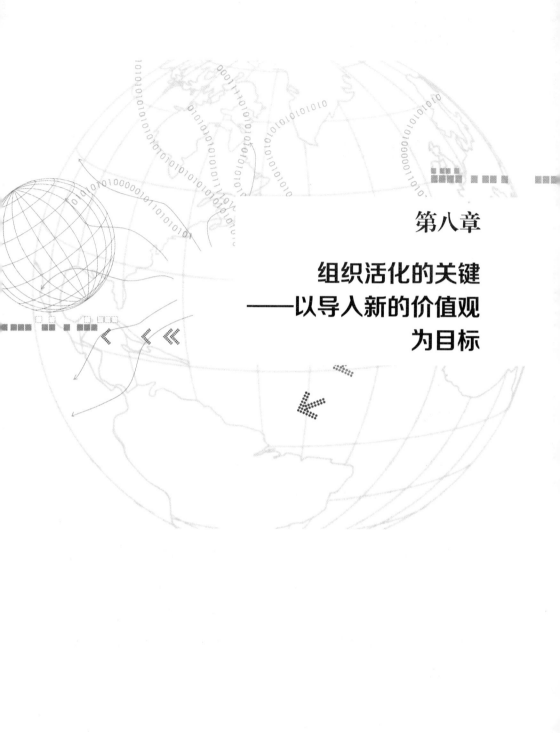

第八章

组织活化的关键
——以导入新的价值观
为目标

一、组织活化的重要条件

明确定向实现个性化

放眼近年的企业经营活动，有几种现象很明显。

首先，企业个性化的现象很明显。例如 NEC，这家公司原来主要以电电公社[①]为主要工作对象，在人们眼里就是一家体现了何谓"吃皇粮"的公司，是一家让人完全感觉不到野性、积极性等色彩的官方性质企业。NEC 在这 10 年来把"计算机与通信（C&C）[②]"作为一个愿景来提倡，彻底改变了自身的事业内容和企业形象。不仅如此，NEC 还在 C&C 领域带领其他公司，以高科技企业的身份占据了非常独特的地位。

---

① 日本电信电话公社。——译者注
② Computer and Communication 的缩写。——译者注

东丽也属于这类企业之一。东丽之前确实被人们视作优良企业，但毕竟也只是家合成纤维制造商。然而如今，东丽却成了一家在合成纤维、塑料、碳纤维等领域提供高附加价值材料的制造商，并毫无保留地发挥了这一身份所具有的特质，就像是完全脱离了石油危机之后这几年来的疲惫状况。东丽认清了自家公司所擅长的领域，以一家能在现有事业领域中实实在在领导其他公司，取得实际成绩的企业的身份重新登场了。

吴羽化学也是一家很有个性的企业。虽然没有 NEC 和东丽那么高的知名度，但技术导向性强，是高科技企业中的特例。曾经是一家依存于聚氯乙烯的平凡企业，然而通过革新聚氯乙烯制造技术（聚偏二氯乙烯），开发并将云芝胞内多糖（抗癌剂）和碳纤维商业化，吴羽化学已经作为一家以精细化工为导向的企业成了特殊的存在。卖出的技术多，买进的技术极少也是该企业有别于其他日本化学公司的一个原因。

另外，还有一些表现活跃的企业也很显眼，例如日产汽车。日产汽车这一两年来都在大力推进国际化路线：跟阿尔法·罗密欧合并；跟大众合作；在英国当地进行生产，无视众多竞争对手开展积极策略。我们必须从今后的 3 年、5 年、10 年来看这些策略的成果，不能随随便便就予以表扬。然而，根据高管的思路，今后企业能采取的战略选项的范围有多大呢？这一点值得我们当作例子来参考。

说到表现活跃，大荣的表现也很显眼。

对技术革新关注度的提升也是近年来企业经营活动中的显著现象。除了电子学，生命科学也作为一种影响各个产业界的基础技术登场了。在这种状况下，企业就要被迫选择追求长期收益的源泉，对研究开发进行投资了。

不管是个性化还是表现活跃，还是应对技术革新和决定投资研究开发，它们的共通之处在于，都是要把自家公司的事业活动定到哪个方向的问题。也就是说，要把自家公司培养成具备怎样个性的企业，或是如果想大刀阔斧地改革自家公司的事业基础，那么选项都有哪些，要选哪一个选项。而且，在经营资源有限的条件下，如何来设定自家公司开发研究活动的矢量……

战略联系不上成果

这么一想，事业（企业）战略的重要性也就不言自明了。那么是不是只要搞好战略就行了呢？绝非如此。事实上，我们还能看到一些战略联系不上成果的例子。

难得动员了优秀员工，策划了项目，高管本身也花了时间来制定战略，然而因为实施不彻底，导致最后没能收获成果。又或者虽然制定了很好的战略，负责接收战略的容器却像筐子一样开了洞，导致战略哗哗地漏了出去。

那些业绩上不去的企业，总是会认为"这个咱得做，那个咱也得做"，所以容易想起来就引进长期和短期性点子、关于新型事业和现有事业的点子、关于技术和销售的点子……然而，因为本来就欠缺执行能力，因此就会诱发"消化不良"，最后收获不到成果。有些点子甚至还没付诸行动就被放着吃灰了。于是因为没收获成果，企业就会再投入新的点子。这种行为只是单纯的恶性循环而已。

这样看来，这些企业不只是缺乏战略，组织执行能力的欠缺也是一个重要的问题。事实上，既有执行能力优秀的企业，也有在这点上比较天真的企业。

近年来，企业战略（或者叫战略人员论）盛行。就算高管们不至于见识浅薄，认为只要想着组织里一小部分人的事儿就够了，类似的错觉还是随处可见。因此企业必须把培养能够严格达成决策的组织一事重新当作一个课题来予以关注。

组织活力的衰退

事实上，其他侧面也对组织问题给予了关注。这一问题就是我们平时所说的活力衰退，又或者是官僚主义化的问题。随着组织的壮大，必然会发生的就是官僚主义的横行。然而日本企业的问题不仅是规模的增大，成员逐渐高龄化也是一个问题。另外，还可以指出的一个问题就是组织内部制度越来越精细了。随之而来的现象就是决策速度放缓，只能同步进行的决策或是点子遭到扼杀。在这种状况下，成员们的行动模式也会统统变成所谓的"事不关己高高挂起"。

旺盛的想象力和强劲的执行能力

如上所述，组织层面有很多必须解决的问题，企业必须一边解决这些问题，一边成长。因为成长能吸引优秀人才，带来培养这些人才的机会，激发他们的干劲。

那么，那些问题已经得到解决的组织是怎样一个状态呢？用一句话说，就是"兼备旺盛的想象力和彻底的执行能力的状态"（图8-1）。

首先是旺盛的想象力。企业需要战略，也需要能想出战略的能力。战略制定在企业经营流程中不是一蹴而就，而是要持续进行下去。我们必须学会实行一项战略，产生成果，从成果中再想出新的战略。

而且思考战略的方法也必须随着时代变化，而不是单纯重复一种方法即可。原来只要开发出新产品，再卖到市场即可，也就是制定所谓的"硬性战略"就行了，然而随着时代的变迁，企业则需要掌握每部分市场的需求，再加上种种服务，往市场靠拢。

其次是强劲的执行能力。我们在前面已经说过，这是创造成果的基本条件。因为不管摆出再怎么帅气的战略，只要缺乏实施能力，就会一事无成。

提到组织活性化问题时，大家必须注意的一点就是每家企业的"解"不同。几乎没有适用于所有组织的解。尤其是软性因素比较多的问题。例如，就算是同一位总经理，在任初期和在任后期也会追求不同的解。更何况企业文化、总经理风格不同，追求的解也会不同，这一点不难理解。

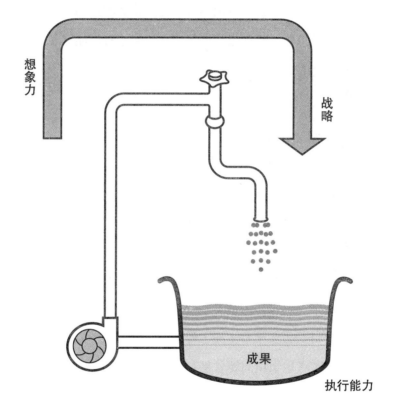

图 8-1　组织的活化

最近有报道称，三得利正在为实现组织活性化策划进行大幅度的人事调动。应该是想通过人员改组（从生产现场调动到销售现场，从国内调动到海外，以及把人员调动到截然不同的领域）来打破僵化的模式吧。这样大胆的尝试只有把三得利这家企业的体制、当前的业绩以及总经理的领导能力等前提条件组合在一起才有可能实现，因此对其他企业来说可能是一个没什么用处的解。

战略和机制的整合

论及组织活性化时，必须考虑的另一点则是多角度研讨的必要性。就像我们在其他章节中谈到的那样，考虑组织时需要考虑 7 个 S。若是以为光讨论机制就能让组织变化（活化），想法也未免太浅薄了。

引进新战略的时候也要涉及活化。这种时候或许就需要一个新的机制，或许还需要一套新的体系，或者还需要新鲜的血液（人），又或者还需要研讨是否要把自下而上作为经营的风格予以强化。不管如何，从多角度来考虑组织问题总是有必要的，这一点绝不会错。

日本战后的经营学可以说是从组织理论开始的（图 8-2）。20 世纪 60 年代，直线部门和人事部门、事业部制度、权限的转让等一系列的组织理论被从美国介绍到日本，呈现出经营学等于组织理论的观点。此后，相关人士的关注点虽然转移到了长期计划和 MIS① 上，然而在对于经营机制的关心这点上还是一如既往。

---

① 全称为 Management Information System，管理信息系统。——译者注

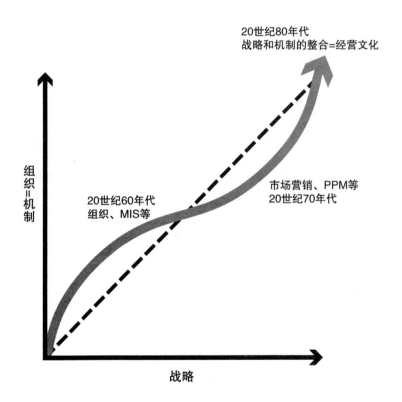

20世纪80年代
战略和机制的整合=经营文化

组织=机制

20世纪60年代
组织、MIS等

市场营销、PPM等
20世纪70年代

战略

图 8-2　日本战后的经营学是从组织理论开始的

　　然而，进入 20 世纪 70 年代后，人们的关心则一下子转移到市场营销和事业（企业）战略上面去了。紧接着，资源分配的问题就被提了出来——也就是该如何有效活用受限的人、财、物（特别是原材料）。在此相较于经营机制，人们更加对事业的内容和实际状况抱有问题意识。

　　那么，20 世纪 80 年代这 10 年间又如何呢？我们认为，这段时间或许是战略和机制的整合。企业经营活动是不能光凭战略而成立的——在企业的竞争力受到挑战的期间，企业的执行能力越弱，这一点就越不可动摇。彻底的体质才是在竞争中取得胜利的基本条件。而且加上旺盛的想象力，再能把战略持续检讨下去的话，那么企业的竞争力就可能出现飞跃性的提升。

　　想要实现组织活化，就要在附加软性因素的同时，从多角度来进行探讨。

二、组织活化的途径——"程度"上的竞争和"方向"上的竞争

组织活化的三根杠杆

为了实现组织活化，高层管理者首先要考虑三点。

第一，要选择什么样的杠杆来实现活化。备选工具包括以下三个：（1）领导能力；（2）体系（机制）；（3）人。可以从这三个工具中选出一个，也可以选出几样来搭配组合。

企业的高层管理者想要实现企业组织活化时，有时也会想要通过改变自己的领导方式来实现目的。在这个案例中，高层管理者自身率先表示出了勇于冒险的态度，由此来唤醒组织。也有通过改变体系来刺激组织的案例，有为此改变或引进激励体系的，也有为此变更人事考评体系的。为了检查短期导向，培养大胆且长远的目光，也有单独

设立长期计划的。

另外，也有一些高层管理者想通过在人员配置上下功夫来刺激组织。这些人试图在人事停滞，"事不关己高高挂起"主义盛行之时，果断对人事进行全面改革，由此来实现组织活化，有提拔新人的，也有像之前列举的三得利的例子里那样，强行更换人员，注入新鲜血液的。

因为这类活化组织的工具有很多种，所以选择哪（几）种，就要仔细思考对该企业、该总经理、该时期而言，哪（几）种最好。

依据"程度"或"方向"来分别使用杠杆

接下来，我们要思考的是要改变组织当时的目标方向，还是要通过"程度"来竞争呢（图8-3）？

这里所说的"程度"竞争指的是不改变竞争对手和战场，积累自身力量，压倒对手。在现有事业的框架中堂堂正正地竞争，并有希望取胜时，企业就是在"程度"上进行较量。

然而，如果业界本身有着结构上的问题，再怎么实行程度竞争也来不及。例如，如今日本的熔铝公司就算再怎么想在熔铝事业上领导其他的国内制造商，都很难去改变事业上的赤字。

这种情况下就需要变更事业内容，也就是"方向"。如果业界健全，但自家公司的竞争力存在决定性的弱点时，企业就需要决定在什么方面跟领先制造商形成差别化了。铃木汽车必须回避跟丰田的正面冲突，探索一条属于自己的生存之道。富士重工也是如此。

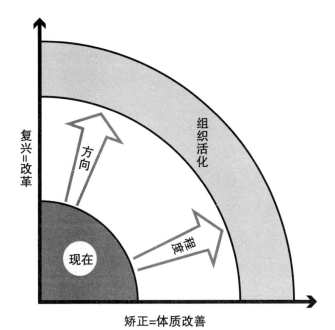

图 8-3　推动组织活化的两个方向

不管问题来源于业界结构，还是来源于自家公司竞争力弱，在通过改变方向探求生存之路时，时机是很重要的。时机抓得太晚，就会让幸存的机会溜走。虽然一直在玩命尝试"程度"战争，到头来也只不过是在重新粉刷快要崩塌的城墙而已（图8-4）。

于是，企业就有"方向"竞争和"程度"竞争的情况。而且这两种情况各自的组织活化模式还不同。因此，重点在于要看清企业在当时该如何竞争，然后再谈论活化。

例如，某家企业想在程度上竞争，选择了领导能力来作为杠杆，则这种领导能力是针对部下的领导能力。想在人的身上寻求杠杆来实现活化，这里的"人"就必须是全部或大多数的组织成员，绝不是少数精英说几句就够了的事儿。

如果想在方向上竞争，光靠针对部下的领导能力是不够的。这里所需的是靠自身来思考和行动的领导能力。要如何应对业界的结构问题，要如何实现自家公司和竞争对手的差别化，不管是要解决哪个问题，领导都不能移开眼睛。到了想在方向上竞争的时候，恐怕就要以固定少数人为核心来考虑问题，制订计划了。这时候就没法变成一个全员参加的活动了。

如上所述，对于方向竞争和程度竞争这两种情况而言，领导能力、机制、人这三个杠杆的用法是不同的。

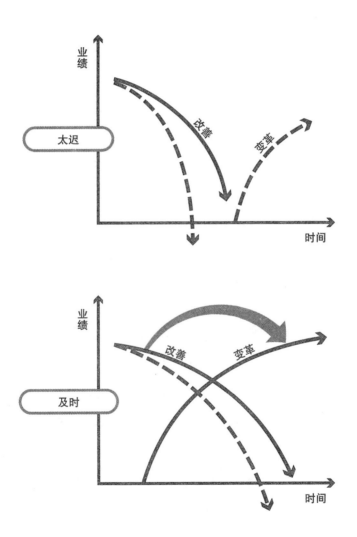

图 8-4　变革的时机

三、"程度"上的竞争

领导能力——内部导向和行使影响力型

进行程度竞争的时候，不要去改变组织的基本性格，而是要在强化组织基本性格的过程中试图增加企业的竞争力。就像我们在上文中已经暗示过的那样，在这种情况下，用于组织活化的领导能力的形式会更偏向内部导向和行使影响力型，而不是外部导向和自主行动型。就是走整顿公司内部体制，给部下带去影响，推动组织前进的路线。

在这种情况下，当然就得首先决定用不用"领导能力"这根杠杆，如果要用，该采取什么样的行使方法。关于这点，其实也有如下几个模式。

● 以身作则的领导能力

作为领导能力的形态，首先就是"模范演技"的路线。假设这时候有人提出了必须进军新市场这一需求，这样一来，在相关人士中就会有一些人心怀不安——尽管赞同这一需求，但该市场真的具有市场潜力吗？又或者还有些人，尽管知道该市场有市场潜力，却因为是自己没有涉足过的领域，不知该如何切入，因此犹豫不定。在这种情况下，领导自己就要进行最初的尝试，向大家展示：就像自己尝试的那样，想做就能做到。这样一来，不仅能让相关人士鼓起勇气，还能避免把时间浪费在无谓的议论上。另外，还有助于加强大家对领导的信任。

• 把基调植入组织的领导能力

例如，有家企业向来都"雨露均沾"，不管哪方面都做得过了火。假设出于反省，该企业想让经营有张有弛，实现重点导向。在这种情况下，企业采取了以下模式：为了把这一方针贯彻到公司的每一个角落，总经理一有什么事就大讲重点主义，同时还把重点主义实践到日常决策和行动模式之中，在公司中营造出重点导向的基调。ITT的会长简宁先生一直主张基于事实进行讨论的重要性"unshakeable facts[①]"一事，也是想把一种基调导入公司内部的著名案例。

• 借助压力的领导能力

这是一种通过施压来刺激组织的方法。如果组织氛围向来都不温不火，那么为了激"活"组织而施压，应该会获得相应的效果。

• 听之任之

这也是领导能力的一种模式。发生了问题领导自然要负责，然而

---

① 无法动摇的事实，也有证据确凿，铁证如山的意思。——译者注

除此之外，还要忍住不去一个劲儿地插嘴。其意图是通过这种方式来给组织内部带来自主机遇。

如上所述，领导能力的模式有好几种。想拿领导能力当杠杆实现组织活化时，总经理必须要考虑到一点：选择怎样的模式才是对该企业该时期该总经理来说最有效的。因此即便是同一家企业，根据以往的企业经营方式也非常有可能采取截然相反的模式，追求示范效应。

经营机制——活化的四个重点

组织活化的第二根杠杆是经营机制。在这里，机制是一个广泛的概念，包括组织结构、策划和控制系统、预算体系、业绩评价制度等。

• 组织机制——引进健全的对立关系

引进健全的对立关系是推动组织活化的有力手段之一。日本企业近年来一直在积极推进事业部导向和市场导向。最后，虽然事业部制度得到了确立，市场导向也逐渐得到了固定，但其中甚至出现了一些事业部独断专行，优先市场导向的过火行为。

起码企业对技术战略和生产体制战略的关心明显减弱了，由此部分企业也开始认真看待组织机制问题。因为企业太过重视市场，所以对于技术开发的要求也伴随着市场状况而变化。而且事业部力量一旦壮大，对研究所施加的压力也就会增大，还可能会命令研究所为了达成利润责任要这么干，那么干。恐怕今后组织活化的途径之一就是针对这种组织内部实力引进按功能重视的思路，引进新的对立关系（图

8-5）。每当我们发现高层管理者更加关注技术开发，就需要深刻思考这一点。

• 组织机构——能力主义和组织简化

想实现组织活化时，我们可以用以下方法：着手简化那些部门和层级都因细分而变得复杂的机构，给组织换换气，由此提升行动速度。有时候企业规模的扩大也是组织复杂化的一个重要因素。还有一些企业因为逐渐进入低成长期，必须抑制职位增加，同时还要处理高龄化状况下的人事待遇问题（也就是职位增加的问题），由此而白白陷入了复杂化的情况。对这种企业来说，通过简化组织来实现活化更有效。这时候特别要注意的一点就是组织简化和能力主义人事制度①之间的联系。想要贯彻能力主义，首先就要从人事待遇方面来创造职位。另外，把有能力的人安排到各个岗位，管理范围就会扩大，随之就形成了一个几乎没有上下层级之分，且达成了少数化的充满活力的组织。尽管增加了有能力的人，直线组织也就不需要设置副手了，人事部门也能尽量缩小。目前也已经出现了显示出这类动向的企业。

久保田铁工的例子也说明了这一倾向。该企业试图废除事业总部制度，把总公司管理部门的员工数量削减到80%。可见能力主义越是发展，组织的简化速度也就会更上一层楼（图8-6）。

• 业绩评价体系的变更——引进可能实现长期导向的体系

虽然说明了长期导向的必要性，设定了长期项目，但每年企业都

---

① 定义圆满完成某项工作都需要哪些能力，按照能力水平给予相应回报的人事制度。——译者注

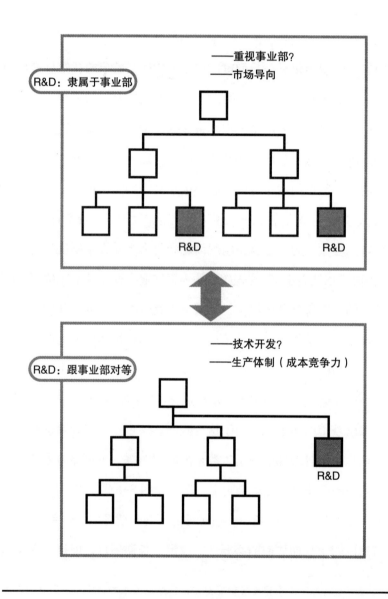

图 8-5　引进健全的对立关系

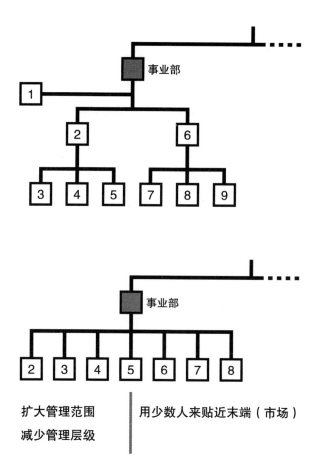

图 8-6　促进组织简化

是优先短期导向，不管过了多久都没有进行长期项目。这样一来，就会有人担心企业的去向，还会越发怀疑高层的领导能力。在这种情况下没法盼着事态能有新的转机，能有带给企业希望的新生嫩芽。想实现组织活化，不能只停留在重复当前的事业内容和工作方法上，给事业附加新的部分，改变工作方法会更有效果。

为什么企业策划了长期导向项目，却没能实现呢？问题在于，企业把长期项目和短期项目（月度和年度预算等）一起放在了同一口锅里，在锅下烧着提升短期业绩这把火。这样一来，做出来的自然就是短期成绩，长期项目事实上早就灰飞烟灭了（图 8-7）。

想改正这一点，就需要想出一套能区分管理长期项目的体系。用长期项目的标准来监督长期项目的进展状况，预算方面则用一般的预算成果差异分析来进行检查。而且，不要把长期项目和短期项目的业绩都统一用销售额和利润额来评价，而更应该在投入方面对长期项目加以控制（包括阶段预计实施状况和预计消化率）。然后就像我们之前所说的那样，短期项目才要用销售额和利润来控制，所以还需要改变评价尺度。

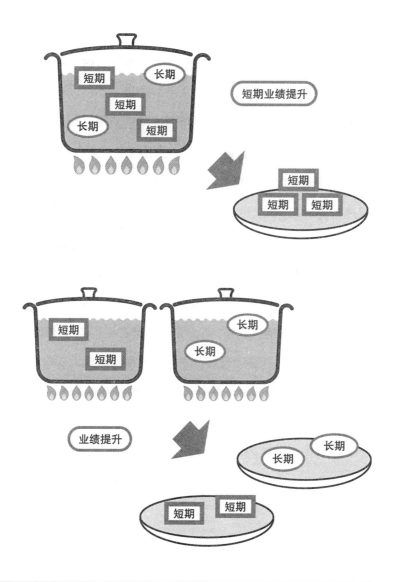

图 8-7　长期项目和短期项目

● 业绩评价体系的变更——改正和废除被滥用的体系

在意税后净利润（营业总额、利润总额）的多少，嘴里说着长期项目，最后往往还是重视本期利润，这就是高层管理者。中层管理者则容易把最终利润放在一边，关注会计等各种制度。因此就会产生以下现象：一嚷嚷增资，就停止对新型设备的投资，切换成租赁模式。宣传广告费用太高了，就把这部分费用变成促销费用。一涉及削减间接费用，就给间接人员换个合适的名字，使其摇身一变成为直接人员。因为这些对事业本质没有影响的种种措施看上去像那么回事儿，所以浪费了管理者的时间。

另外，中层管理者方面还有业绩评价尺度不周密的问题。本来随着市场的成熟，竞争的高级化，企业应当控制的尺度（特定渠道的渗透率、个别钱包份额[①]的提升、推销员的拜访天数、推销员与新顾客的接触程度等）也理应随之提高。然而企业还是有用传统会计项目（部门的销售额、毛利率、经费项目等）来评价业绩的倾向。

基于事业应该前进的方向来设定和检讨业绩评价体系。改正恶习——不再拿运用制度的手法来取代企业方针的推进。指导整个公司，让大家不再执着于机械性的数字配对。通过以上措施，就能让组织按照方针和重点措施来有活力地运作，变成一个活化的组织。

---

① 指顾客从一个企业购买的产品或服务占其所有总消费支出的比例，或是指顾客从一个企业购买的产品占其同类消费支出的比例。——译者注

以人——组织全体成员为对象

组织活性化的第三根杠杆是人。进行程度竞争时，人的问题不单是几个领导或几个智囊团成员的问题。重点在于要如何激发组织全体成员的意识，提升生产效率。

中年年龄层能力过剩的现象在日本企业中尤为多见。这不只是每个人的能力没有得到活用的问题，还可能在整个组织内部定下一种缺乏紧张感的风气，而这种状态跟活化组织差得不是一星半点。自己的能力没有充分得到活用，就算看同事也跟自己是一样的状态。感觉这个组织就是一个不能活用人员能力的组织。话虽如此，自己也不能因为条件好就跳槽到其他企业……这样一来，最后组织里就会有很多欲求不满的人。

那么我们应该采取怎样的措施来改善这种情况呢？一个就是推行能力主义。佳能在 1981 年上半年涌现了 5 位 40 来岁的董事。这是那个时代的趋势，在那个时代企业无法避开实力主义的渗透。另外，轮换制度也被定位成了改正措施的一个环节，其案例就是我们之前也介绍过的三得利的人事调动计划，以打破僵化模式为目标，给中坚干部员工新的挑战目标，让他们拥有新的体验。能力主义和大胆的人事轮换制度是实现组织活化的有力方法。

理想是豁达和严谨共存

之前我们针对程度竞争中的组织活化讲述了利用领导能力当杠杆，利用机制变更当杠杆，以及利用人事当杠杆的情况，然而综合以上各项，有一点我们应该事先指出，就是豁达与严谨共存。

"我们公司是活化企业""尊重员工积极性""枪打出头鸟那是过去的事儿了"——像这样强调活化的侧面，最后可能会导致组织出现松散的一面。虽说如此，如果光强调严格的一面，就会使员工的想象力变得贫瘠，失去干劲。也就是说，豁达和严格兼备是很重要的。

然而，此处的兼备绝不是把红色跟白色掺在一起变成粉红色。我们的理想状态是让红色跟白色在保有各自颜色的同时实现共存。

彻底尊重作为组织应该尊重的几条规矩，保持规矩的严谨。这里说的规矩指的是员工的时间管理和各个部门的运算管理等。另外，还要彻底从侧面强调豁达。经营资源的移动，促进创意部门间的交流，或是建议试错，彻底强调自由。一方面，时间管理上很严格，另一方面，试错还是一种很大的激励。这种情况应该不存在任何矛盾。豁达和严谨共存才是活化组织应该追求的理想状态。

四、"方向"上的竞争

当某家企业想要从业界结构问题中脱身，或是想要谋求竞争层面的差别化的时候，就不得不变更方向。

在现有路线的延长线上很难找出自家公司的生存可能性，就算彻底推行之前的战略（就算尝试在程度上竞争），料想也只是事倍功半而已。自家公司的前方看不见光明，身为组织，士气当然也就上不去。这时候为了实现组织活化，就要抓准时机改变方向。通过改变战场来找出存活的机会，尝试再次唤醒组织的活力。这种情况下也要使用三根杠杆——领导能力、机制、人，然而杠杆的内容跟程度竞争时不一样。

领导能力——外部导向

程度竞争时的领导能力是针对部下或针对公司内部的领导能力，

例如给部下做表率、向组织内部引进并确定某种基调、施加压力等。

相对而言，在方向上竞争时，领导能力就必须坚定采取外向的态度。领导需要着眼于企业的外部状况，独立进行思考和行动。着眼于外部状况的变化和自家公司竞争力的变化，把这些变化加以延伸，从而预测出自家公司的未来。市场需求是否发生了变化？成长方面是否出现了不好的征兆？代替产品正在哪一片兴起？决定用户购买的因素是否出现了变化？这些变化会对自家公司的竞争力带来有利影响，还是会带来不利影响呢？如果会带来不利影响，那么影响会有多大？该做出哪些选择才能加强竞争力呢？如上所述，领导要看穿哪些变化可能会给未来带去巨大的影响，研讨这些变化的意义。

为何要高层管理者自己来考虑这些问题呢？因为这些问题跟思维的广度有关。本来这就不是交给各个部门研讨就完了的事儿。虽说总公司策划部门如果能适当引导也会很有帮助，然而领导自身不能什么办法都不去想，就把一切推给策划部门去干。高层管理者自身通过参与策划，还能研讨一些秘书级别提不出来的大胆办法。这是因为思考问题的范围变大了。

想要思路更广，还有一点很重要，就是要加入外部人士的观点。如果光靠内部这些人来想，往往就会怎么都脱离不出原有的思维模式。从客观角度来想，撤退是最直接的方法。然而考虑到因撤退而带来的种种开销，还是跟竞争对手实现事业合并方为最佳之计。如果竞争对手没有合并的意思，可能就需要考虑冒一下风险，哪怕损害以往建立的友好关系，也要用尽全力达到目的。就算从走自立路线、成本竞争力，以及商品种类的角度出发，随着时间的流逝自家公司也会被逼入最为不利的境地……

从这个思路来看，为了正确进行决策，非直接当事人的观点是非常必要的。

美国企业很早就开始发展外聘要职制度了。近年来，其重要性越来越为人们所认可，外聘要职不再只是一个名义上的存在，而是作为实质性的存在，对于企业经营基本方针的形成，以及高层管理者的业绩评价等一直在做出着贡献。在这种情况下，外聘要职带来的最大好处就是客观性。

迄今为止，日本形形色色的企业也尝试过外聘要职。然而时至今日，外聘要职还未成为一个实质性的存在。今后想必还会有人对外聘要职做出新的尝试，考虑起用经营顾问等。或者领导自身也会努力去保持跟竞争对手，跟其他行业人士的接触。不管如何，领导需要试图引进外部人士的见解，努力摸索正确的方向。

总之，在方向上竞争时，领导需要具备自主思考行动型的领导能力。这里的领导和神轿经营①中的领导是不同的概念，因此就这种意义而言，这里所说的领导也跟日本企业典型的领导形象是不一样的概念。想必今后企业会更加需要这种类型的领导吧。由此可想而知，在方向上竞争的企业今后会越来越多。

① 神轿是日本祭祀活动中由数人抬着的轿子，神轿经营指的是中层员工抬着高层领导来进行经营的日本型集团经营模式。在神轿经营中没有能发挥强大领导能力的高层，责任分配不明确。——译者注

经营机制——降低部门间的门槛

下面是经营机制的问题。进行方向竞争时，企业需要拉低部门间的门槛，促使员工去自由想象。即便涉及战略实施，不确定的事态还是很多，因此就更加需要部门之间的合作。

在管理型经营中，生产、销售、技术等部门间的门槛很高，分工很发达，工作被细分到了每一块责任领域，而且工作的计划和控制体系也已经完成了。这是一个对确切实施标准作业来说非常有效的组织形态。这时，立于各部门上方的领导能力就相对较弱。在这种情况下，就很难出现大型创意，提出的创意会变成那些以部门内部为对象的小规模创意。

相对而言，在个体经营中，领导能力就相对强一些，部门间的门槛较低，因此也就容易产生跨部门的大型创意。在方向上竞争的时候，不光需要具备自主思考的领导能力，作为经营机制，降低部门之间的门槛也是很重要的（图 8-8）。

人——精英集团和工作小组的形成及其他企业资源的利用

最后是身为杠杆的人的问题。在方向上竞争时，用人方面可以选出有限的几个精英，给领导当真正的智囊团来用。在这里我们不能采取像程度竞争那样以全员为对象且形成动机的模式。从整体形成动机的角度来说，虽然明知有引发问题的可能，还是要推动精英集团的形

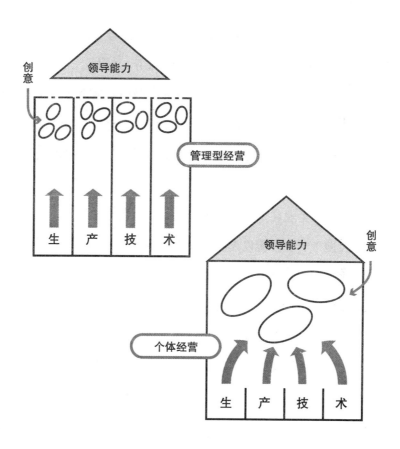

图 8-8　部门之间的门槛和思路的规模

成，让精英集团能够作为领导的辅佐人员在各个方向上灵活行动。也就是要成为超越事业部的，超越管理部门的存在。

设定好方向后，就可以考虑形成一个特别工作小组来完成项目了。如果想涉及超出现有事业范围的新领域，不管怎样都需要组织一个超越现有部门的团队。这是进行方向竞争时的用人方法之一。

此处需要把人的问题作为另一个侧面，吸引其他企业的人员，或者事先涉及合作。也就是说在方向上竞争时，有时候身为经营资源的人会成为制约条件。在设想了某种战略的情况下，往往用现有阵容是很难实现该战略的。

有时候某些企业在谋求产品电子化时，因为电子技术人员的培养已经比他人慢了一步，所以无法实现产品电子化。复印机制造商会急忙以电子化为导向也是出于这个原因。事实上，据说理光这几年也为了实现电子化而一直在大量聘用有经验的电子技术人员。

如果聘不到有经验的技术人员，也可以考虑跟电子公司合作或是收购电子公司。美蓓亚就是靠不断收购企业来扩大企业规模，扩充事业内容而为人们所热议的。虽然人们都说企业收购对日本来说是一种陌生的做法，但也存在实施了这种办法的企业。在零售业界里，企业收购跟企业合作并不是什么新鲜事儿。

总之在方向上竞争时，人的问题可以分成三点来考虑。第一是需要形成身为领导智囊团的少数精英团队；第二是编制工作小组来推进特定项目；第三，因为考虑大幅转换方向时需要人力资源，所以还需要考虑利用其他公司的人力资源。

五、"方向"和"程度"的整合——导入新的价值观

给企业选择新方向、引进新方向都需要非常强大的领导能力。然而，想把新方向落实下来，还需要更强大、更持久的领导能力。在这个落实阶段，为了把新方向更彻底地落实下来，领导需要在成员之间植入新的价值观。这一工作是方向竞争和程度竞争重合阶段的工作。如果已经选择了程度竞争，就要在现有路线上加入新的概念，同时试图实现概念的彻底化，这一工作也很重要。

NEC 虽然把"C&C"当作一项长期目标执行至今，但在此过程中 NEC 确实改变了长期依存于电电公社而培养出来的"吃皇粮"思想。换句话说，NEC 应该有过这种在员工之间渗透冒险精神的需要。佳能则采用了"第一流产品"导向，也就是说，佳能的产品必须是第一流产品，这种信念已经成了他们的价值观。佳能置身于相机产业的激烈竞争之中，另外，在进军事务机械和医疗器材等领域时，或许还需要

共同的价值观。IBM 长年以来则优先考虑"客户服务"，麦肯锡公司则是"把客户利益放在首位"。这些就是这里所说的价值观，也就是使员工的思考方法无可争议地达到一致的共同概念和目标。

总之，方向竞争和程度竞争时都有一个共同的杠杆，就是操纵价值观。这是一项需要很费时间的作业，需要强大且持续的领导能力才能得以完成。不过如果这种共同的价值观一旦得到落实，对企业而言就会是一股巨大的力量。

企业间的竞争正在走向高级化。不光是变得越发激烈，竞争层面延伸出的竞争力的内容和用法也逐渐走向了高级化。在这种状况下，靠自己的双手来改变竞争关系，谋求差别化，追求生存机会就变得比以往更加重要。

事实上，就像我们在开头说过的那样，那种铺设一条自己的路线，让自己摇身一变成为独特的存在的企业才会让人印象深刻。这时候高层管理者就承担着决定性的作用。因为员工期待能出现一位独立思考和行动的总经理。然后为了实现总经理的想法，在部门之间构造门槛较低的组织，编制精英集团。这就是活化组织的一种存在形式。

另外，也有一些企业沿袭现有路线，希望通过贯彻现有路线来获得压倒性的竞争力。事实上，每家企业的贯彻能力是大相径庭的。到头来，能贯彻现有路线的企业会一直实施现有路线获得成果，直至厌烦。而不能贯彻的企业就在实施上出现了分歧，结果没能获得成果就结束了。在这种情况下，能贯彻现有路线的企业，其观念肯定不是一味的严谨，而是应该呈现豁达和严谨平衡共存的状态。最后，这种企业的销售额和利润都会达到业界首位，同时也会比其他竞争对手更快拿出新创意。以领导能力、机制、人、价值观构造出严谨和豁达的共存，而这种共存状态正是今后会在社会上稳步取得成果的活化组织的另一种存在形式。

若松茂美